하나님이
품으시는
회개기도
100

하나님이 품으시는
회개 기도 100

ⓒ 생명의말씀사 2025

2025년 10월 20일 1판 1쇄 발행

펴낸이 | 김창영
펴낸곳 | 생명의말씀사

등록 | 1962. 1. 10. No.300-1962-1
주소 | 서울시 종로구 경희궁1길 6 (03176)
전화 | 02)738-6555(본사) · 02)3159-7979(영업)
팩스 | 02)739-3824(본사) · 080-022-8585(영업)

지은이 | 김민정

기획편집 | 김자윤, 장주연
디자인 | 김혜진
인쇄 | 영진문원
제본 | 보경문화사

ISBN 978-89-04-16935-1 (03230)

저작권자의 허락 없이 이 책의 일부 또는 전체를
무단 복제, 전재, 발췌하면 저작권법에 의해 처벌을 받습니다.

온전히 자유하겠습니다.
죄를 붙잡고 살지 않겠습니다.
모든 죄를 용서하시는
예수님의 이름으로 기도합니다.

들어가는 글

죄를 향한 발걸음에
브레이크가 걸렸습니다

하나님과의 강렬한 만남을 기억하면 그 안에는 언제나 절절한 회개 기도가 있었습니다. 베드로가 부활하신 주님을 만났을 때 자신이 죄인임을 고백했듯이, 하나님의 보좌 앞에 나아갈 때 하나님과 우리 사이를 가로막고 있는 죄악을 씻는 일은 어쩌면 더 깊이 주님을 만날 수 있는 길을 넓히는 일과 같을 것입니다.

제주에서 한 독자를 만났습니다. 어떤 분은 이메일로, 어떤 분은 카카오톡으로 이러저러한 기도문을 써달라고 부탁하곤 하십니다. 그런데 그분은 저에게 회개 기도문을 써달라고 요청하셨습니다. "왜요?"라는 반문에 그분은 '회개 기도를 잘 못하겠다'라며 설명을 붙이셨습니다. 일주일에 한 번 주일예배를 드리며 1분 남짓 하는 사죄의 기도는 이미 형식적이 되었고, 뜨겁게 기도하고 싶은 마음에 회개의 영을 부어달라 기도하지만 쉽지 않다고 하셨습니다. 회개를 하고 싶지만 생각이 나지 않는다고요. 그렇다고 회개할 일이 없지는 않을 텐데 말입니다.

돌아보니 나 자신도 마찬가지였습니다. 어느새 회개의 기도가 기도 생활 속에서 사라져가고 있었습니다.

어떻게 100개의 회개 기도문을 쓸 수 있을까? 과연 누가 이 책을 사 볼까? 사실 마음에 와닿지 않았습니다. 그럼에도 그분의 요청이 마음에 계속 맴돌았습니다.

여전히 말도 안 되는 일이라 생각했지만, 하나님 앞에 기도했습니다. 이미 마음먹은 다른 기도문 주제로 집필을 시작했지만, 확인하고 싶었기 때문입니다. 그런데 기도하자마자 너무나 확실하게 하나님이 원하신다는 생각이 들었습니다. 내심 '이번 책은 망했다'라는 마음이 들었지만, 순종하기로 결심했습니다. 그리고… 회개 기도문을 썼습니다.

기도문을 쓰면서 확실한 변화를 느꼈습니다. 회개하면 삶의 변화가 있다는 것이었습니다. 구체적인 회개를 하고 나면 다시 그 상황이 왔을 때 나의 기도가 떠올랐습니다. 그래서 주춤! 하는 나를 발견했습니다.

죄를 향한 발걸음에 브레이크가 걸린 것입니다. 기도할 때 드렸던 고백이 떠올라 다시 동일한 죄를 짓지 않거나 곧 다시 돌이키게 되었습니다. 그렇게 회개에는 삶의 돌이킴이 있음을 알게 되었습니다.

수련회에 참여했을 때에나 드렸던 절규하는 회개 기도는 아니지만, 오히려 내 삶에 속속들이 박혀있는 죄의 습관들을 구체적으로 발견할 수 있어서 좋았습니다. 그리고 그 구체성은 마음과 행동을 실질적으로 변화시키는 힘이 있었습니다.

모든 죄를 씻기는 보혈의 은혜 없이 우리는 하나님의 보좌 앞에 나아갈 수 없습니다. 우리의 기도 가운데 반드시 있어야 하는 하나님을 향한 죄 고백과 용서를 구하는 일은 일평생 하나님과 우리의 관계를 멀어지지 않도록 할 것입니다.

거룩하신 하나님 앞에 예수 그리스도의 보혈의 씻김을 받고 기쁨으로 달려 나아가는 우리가 되길 소망합니다.
내 삶에 변화가 없다면, 신앙의 진전이 없다면 회개 기도를 통해 죄를 멀리하고 주님을 가까이하는, 전진하는 신앙인이 되시길 기대합니다.

_ 김민정

CONTENTS

들어가는 글 · 4

01 가면을 쓰고 살았습니다

01	말만 번지르르한 회개를 하고 살았습니다	· 14
02	교만의 자리에 앉았습니다	· 16
03	주님의 음성보다 내 느낌대로 살았습니다	· 18
04	과장도 거짓말의 일종이었습니다	· 20
05	자주 분노를 터뜨렸습니다	· 22
06	눈과 마음을 지키지 못했습니다	· 24
07	하나님은 멀고 돈은 가까웠습니다	· 26
08	앞에서 웃고 뒤에서 흉봤습니다	· 28
09	미움을 방치하고 마음의 벽을 쌓았습니다	· 30
10	용서할 마음이 없었습니다	· 32
11	탓하는 것을 멈추지 못했습니다	· 34
12	불평이 습관이 되었습니다	· 36
13	너무 쉽게 포기했습니다	· 38
14	말의 힘을 무시했습니다	· 40
15	영혼 없는 예배를 드렸습니다	· 42
16	미루고 미루는 습관을 버리지 못했습니다	· 44
17	할 수 있지만 최선을 다하지 않았습니다	· 46
18	게으름이 악한 것임을 몰랐습니다	· 48
19	술이 너무 좋습니다	· 50
20	통장 잔고가 나의 안전이 되었습니다	· 52
21	말씀보다 휴대폰에서 답을 찾았습니다	· 54
22	돈 쓰는 것이 너무 재밌습니다	· 56
23	칭찬과 인정에 목말라했습니다	· 58
24	신앙인의 가면을 쓰고 살았습니다	· 60
25	하나님을 사랑하는 척했습니다	· 62

02 입술의 허물을 고백합니다

26	말 한마디에 좌절했습니다	· 66
27	걱정 때문에 평안을 잃었습니다	· 68
28	응답을 기다리는 게 너무 힘이 듭니다	· 70
29	탐식을 끊지 못했습니다	· 72
30	소비와 돈에 대한 갈망이 있습니다	· 74
31	방탕한 시간을 청산하기 원합니다	· 76
32	말을 정결하게 하지 못했습니다	· 78
33	소문의 주체자가 되었습니다	· 80
34	남의 것을 도용했습니다	· 82
35	약속을 가볍게 여겼습니다	· 84
36	거짓 증거로 이웃을 해쳤습니다	· 86
37	작은 것이라며 도적질했습니다	· 88
38	입에 발린 말이 과했습니다	· 90
39	거래에 정직하지 않았습니다	· 92
40	상처를 방치하고 있습니다	· 94
41	뇌물에 태도를 바꾸었습니다	· 96
42	외모에 너무 집중했습니다	· 98
43	겉모습으로 차별했습니다	· 100
44	감정적 폭력을 휘둘렀습니다	· 102
45	시간을 낭비하고 있습니다	· 104
46	습관적으로 낙망했습니다	· 106
47	섬김이 없는 리더였습니다	· 108
48	다른 사람에게 인색했습니다	· 110
49	남에게는 엄격하고 나에게는 관대했습니다	· 112
50	기도의 응답을 믿지 않았습니다	· 114

03 화목하지 못했습니다

51	미지근한 신앙에 머물러 있습니다	· 118
52	하나님이 없는 것처럼 살았습니다	· 120
53	가족을 막 대했습니다	· 122
54	다른 사람의 호의를 잊고 살았습니다	· 124
55	말씀을 등한시했습니다	· 126
56	피해 의식이 너무 많습니다	· 128
57	어린아이를 소중히 여기지 못했습니다	· 130
58	자주 사람을 미워했습니다	· 132
59	내 영혼을 돌보지 못했습니다	· 134
60	부모님을 무시했습니다	· 136
61	꼰대라며 색안경을 꼈습니다	· 138
62	기도를 도구로 삼았습니다	· 140
63	내 능력으로 착각하며 교만했습니다	· 142
64	불화에 동조했습니다	· 144
65	나를 아무렇게나 대했습니다	· 146
66	생명을 소중히 여기지 않았습니다	· 148
67	사람들을 편 가르고 소외시켰습니다	· 150
68	중독성 게임에 의존했습니다	· 152
69	하나님이 주신 자연환경에 둔감했습니다	· 154
70	어려운 사람을 모른 척했습니다	· 156
71	헌금을 회피했습니다	· 158
72	배우자를 홀대했습니다	· 160
73	복음을 전하지 않았습니다	· 162
74	말씀을 머리로만 알았습니다	· 164
75	천국 소망이 있음에도 죽음을 두려워했습니다	· 166

04 나의 자랑은 하나님입니다

76	나를 무가치하게 여겼습니다	· 170
77	완벽주의를 추구했습니다	· 172
78	자랑하는 습관이 있습니다	· 174
79	나의 몸을 방치했습니다	· 176
80	회색 지대에 살았습니다	· 178
81	휴대폰 없이 살 수 없게 되었습니다	· 180
82	난폭 운전을 했습니다	· 182
83	SNS로 상처를 주었습니다	· 184
84	돌을 던지는 편에 섰습니다	· 186
85	과한 농담에 참여했습니다	· 188
86	선한 척 쇼를 했습니다	· 190
87	일중독으로 가정을 방치했습니다	· 192
88	나라를 위한 기도를 쉬었습니다	· 194
89	복수하고 싶은 마음이 있습니다	· 196
90	감정적으로 판단했습니다	· 198
91	오랜 쓴 뿌리를 뽑지 못했습니다	· 200
92	듣는 귀를 닫고 살았습니다	· 202
93	SNS가 부러움을 부추깁니다	· 204
94	기억의 장부를 지우지 못했습니다	· 206
95	미래를 향한 불안을 이기지 못했습니다	· 208
96	봉사하면서 투덜거렸습니다	· 210
97	안식할 믿음이 없었습니다	· 212
98	자녀를 영적으로 방치했습니다	· 214
99	회개하고도 자유하지 못했습니다	· 216
100	꿈이 없는 삶을 살았습니다	· 218

01

가면을 쓰고 살았습니다

사람에게 보이려고 그들 앞에서 너희 의를
행하지 않도록 주의하라
그리하지 아니하면 하늘에 계신 너희 아버지께
상을 받지 못하느니라
(마 6:1).

01

말만 번지르르한
회개를 하고 살았습니다

하나님 아버지,
나의 회개는 주일예배 때만 있습니다.
늘 정해져 있고, 똑같은 언어의 반복임을 회개합니다.
그 고백에는 나의 진심이 담겨있지 않습니다.
그저 남들이 하는 말의 반복이었습니다.
그냥 일주일의 청산 같은 것이었습니다.

하나님 앞에 진실되지 못함을 용서하소서.
기도의 앞머리를 채우는 말뿐이었음을 용서하소서.
나의 수많은 죄악을 씻기에 턱없이 부족한 고백이었습니다.
하나님 앞에 진심의 회개를 하게 하셔서
긴 말보다 깊은 마음을 담게 하소서.

자기만족이 아니라 하나님께 올려드리는 참된 고백이 되게 하소서.
얼마나 다양한 죄를 짓고,
얼마나 뻔뻔하게 지나쳤는지 깨닫게 하소서.

> 하나님이여 불쌍히 여기소서
> 나는 죄인이로소이다
> (눅 18:13).

진정한 회개에 다다르게 하셔서
하나님이 주시는 사죄의 은총이
얼마나 큰 기쁨인지를 누리게 하소서.
하나님만이 나를 다시 시작하게 하실 수 있습니다.

오늘도 오늘의 회개를 드립니다.
매일 아침, 매일 저녁 새롭게 시작하겠습니다.
죄의 끝에서 하나님의 시작을 경험하는
기쁨의 시간을 누리게 하소서.
나를 대신해 죽으심으로 구원에 이르게 하신
예수 그리스도의 이름으로 기도합니다.
아멘!

02

교만의 자리에 앉았습니다

사랑의 하나님,
오늘도 내 마음 깊은 곳에 자리 잡은
교만한 마음을 주님께 내어놓습니다.
남들보다 잘났다고 생각하며,
내가 인생의 주인인 줄 착각하며 살았습니다.
모든 것이 내 힘으로 된 것인 양 살아온 날들을 회개합니다.
주님이 주신 재능도 은혜도 자랑처럼 휘두르며
누군가를 은근히 무시하고 스스로를 내세우며 살았습니다.

나의 업적, 나의 판단, 나의 기준이
모두 옳은 듯 말하고 주장했습니다.
그 속엔 겸손도 없었고, 감사도 없었으며,
사랑도 없었습니다.
주님, 나의 높아진 마음을 꺾어주소서.
주님 앞에 머리 숙일 수 있는 마음을 주소서.

> 교만은 패망의 선봉이요
> 거만한 마음은 넘어짐의 앞잡이니라
> (잠 16:18).

내가 아닌 주님이 높임 받게 하소서.
아버지의 은혜로 나의 자리를 제대로 찾아 서게 하소서.
비굴한 자리도 아니고 교만한 자리도 아닌
은혜의 자리를 사모합니다.
나의 주장이 아니라 다른 사람들에게 귀 기울이게 하소서.
닫힌 귀를 열게 하시고 배우는 마음으로 듣게 하소서.

나의 결정이 훌륭해서 이 자리에 있는 것이 아님을 알게 하소서.
모두가 하나님의 인도하심이었습니다.
모든 것이 하나님의 은혜였습니다.
날마다 감사와 찬양으로 높아진 자리에서
나의 자리를 찾는 자 되게 하소서.
나의 주인 되시는 예수 그리스도의 이름으로 기도합니다.
아멘!

03

주님의 음성보다
내 느낌대로 살았습니다

하나님 아버지,
때때로 나 자신을 너무 높이 평가하며 살아왔음을 회개합니다.
주님의 뜻보다 내 상황 판단이 더 우선했고,
주님의 음성보다 내 감정이 더 앞섰습니다.
내 생각과 감정, 내 방식을 고집했습니다.
스스로를 중심에 두고 판단하며 살아온 날들을 회개합니다.

주님의 뜻 앞에 "지금은 아냐", "내가 오버하는 거야"라는
마음으로 늘 돌아서버렸습니다.
그냥 내 느낌대로, 내가 옳다고 생각하는 대로 밀어붙였습니다.
하나님의 뜻 앞에 진지하지 못했음을 회개합니다.
나의 불순종으로 향하는 고집스러움을 용서하소서.

말은 순수한 신앙인처럼 했지만, 마음은 아니었습니다.
나만 올바른 신앙인이라 착각했던 마음을 용서하소서.
합리적이라 믿으며 내 고집을 세웠던 나를 용서하여 주소서.

> 만일 누가 아무 것도 되지 못하고
> 된 줄로 생각하면 스스로 속임이라
> (갈 6:3).

주님, 나의 자아를 내려놓습니다.
감정을 믿는 것이 아니라 말씀을 믿겠습니다.

내 뜻을 주장하는 삶이 아니라
주님의 인도하심에 순종하는 삶을 살게 하소서.
겸손히 나를 부인하고, 날마다 내 십자가를 지고
주님을 따르게 하소서.
나를 인도하시는 예수 그리스도의 이름으로 기도합니다.
아멘.

04

과장도 거짓말의 일종이었습니다

참되신 하나님,
나의 거짓된 입술로 인해 회개합니다.
날마다 수많은 말을 하지만,
참된 말보다 과장이 많았음을 회개합니다.
때로는 선한 거짓말이라 생각하며 정당화했습니다.
그래서 누군가를 속이고 포장하기 바빴음을 고백합니다.

때로는 나를 방어하기 위해서,
때로는 상황을 모면하기 위해서 했지만
결국에는 진실이 아니었음을 용서하소서.
다른 사람들의 기분을 맞춘다는 명분 아래
너무 쉽게 거짓을 말했습니다.
하나님 앞에서 진실된 입술보다
사람들의 비위를 맞추는 데 급급했습니다.
필요 이상 과했던 칭찬과 과장된 표현들을 용서하소서.

> 너희가 서로 거짓말을 하지 말라
> 옛 사람과 그 행위를 벗어 버리고
> (골 3:9).

그로 인해 나의 말은 가벼워지고
신뢰를 잃을 수 있음을 알게 하소서.
작은 말 하나가 관계를 무너뜨릴 수 있음을 알게 하소서.
내가 그랬듯이 남들도 내게 둘러대는 빈말만
할 수 있음을 깨닫게 하소서.
하나님 앞에서의 선함과 올바름을 잃어버리지 말게 하소서.
예와 아니요 앞에 포장과 거짓과 과장을 벗어버리게 하소서.

나의 입술이 진실되게 하시고 하나님 앞에 선하게 하소서.
둘러대는 말의 거짓을 버리고 온유한 진실을 말하게 하소서.
진실한 말로 잃어버린 신뢰를 회복하게 하소서.
참된 말씀으로 나를 지도하소서.
나의 주 예수 그리스도의 이름으로 기도합니다.
아멘!

05

자주 분노를 터뜨렸습니다

사랑의 하나님,
다스리지 못하는 마음을 회개합니다.
자주 분노를 이기지 못하고 터뜨렸습니다.
상대의 말 한마디, 상황 하나에 마음이 뒤집히고,
그 분노를 참지 못해 언어로, 표정으로, 태도로
누군가를 상하게 했습니다.
그러면서 남을 탓했음을 용서하소서.

주님, 나는 '정당한 분노'라며 합리화했지만,
그 순간 내 마음엔 사랑이 없었습니다.
나의 기분이 하나님의 의보다 앞섰음을 회개합니다.
내 감정이 성령의 열매를 밀어냈습니다.
분노의 말은 칼이 되어 가까운 이들을 찌르고 멀어지게 했습니다.

나의 비겁함을 용서하소서.
내 안의 분노를 주님의 사랑으로 덮어주소서.

> 사람이 성내는 것이
> 하나님의 의를 이루지 못함이라
> (약 1:20).

억울할 때도, 화가 날 때도
주님의 십자가를 바라보며 침묵하게 하소서.
불같이 치밀어 오르는 마음 대신에
불쌍히 여기는 마음을 허락하소서.
나의 이런 죄도 용서하신 주님을 기억하게 하소서.

화내기보다 기도하게 하시고.
소리치기보다 무릎 꿇게 하소서.
분노가 아니라 사랑으로 세상을 바라보시는
주님의 시선을 허락하소서.
나의 모든 것을 용서하신 예수 그리스도의 이름으로 기도합니다.
아멘!

06

눈과 마음을 지키지 못했습니다

하나님 아버지,
나의 눈으로, 마음으로 품었던 모든 죄악을 회개합니다.
남들 보기에 겉으로는 아무 일 없는 것처럼
행동했지만 주님은 아십니다.
내면은 음란과 정욕으로 가득 찬 때가 많았음을 회개합니다.
어느 순간부터 시선은 정결을 잃었고,
마음은 쉽게 유혹에 흔들리며
사람을 육체로만 보았던 것을 용서하소서.

나의 눈을 지켜주셔서 사람의 내면을 존귀히 여기게 하소서.
나쁜 생각의 흐름을 막아주소서.
내가 보는 것, 듣는 것, 떠올리는 것이
거룩의 자리에 가게 도와주소서.
음란의 시선은 볼수록 더 깊어지고,
허용할수록 넓어짐을 알게 하소서.
마음에 파수꾼을 세워 죄악의 자리를 가까이하지 않게 하소서.

> 나는 너희에게 이르노니 음욕을 품고
> 여자를 보는 자마다 마음에 이미 간음하였느니라
> (마 5:28).

작은 타협이 마음을 무너뜨렸음을 회개합니다.
은밀한 상상이 죄가 되어 나를 묶지 않도록 결단합니다.
나의 생각을 정결하게 씻어주소서.
욕망이 아니라 사랑으로,
소유가 아니라 존중으로 관계를 바라보게 하소서.

예수님의 보혈로 내 시선과 마음을 덮어주시고
거룩한 삶으로 이끄소서.
오늘도 정결한 눈과 순결한 마음으로 주님을 닮기 원합니다.
또다시 유혹에 빠진다 해도 다시 회개하며 일어나겠습니다.
나를 정결하게 하시는 예수 그리스도의 이름으로 기도합니다.
아멘.

07

하나님은 멀고 돈은 가까웠습니다

하나님 아버지,
많은 것을 갖고 있으면서도 만족하지 못했습니다.
택배는 쌓여갔고, 쓰레기도 넘쳐났습니다.
그럼에도 언제나 부족했음을 용서하소서.
다른 사람이 가진 게 늘 부럽고,
내가 가진 것은 버리고 싶었습니다.
무엇이 그리 목마른지 늘 가질 것을 탐색했음을 용서하소서.

필요보다 욕망이 더 컸습니다.
감사보다 비교가 먼저였습니다.
풍요의 하나님을 믿지만, 내 마음은 거지였음을 고백합니다.
싸구려 100개를 사면서 "싸니까 괜찮아" 하며 합리화했습니다.
100개만큼의 탐욕이었음을 회개합니다.

하나님은 멀고, 돈은 가까웠습니다.
내 마음의 풍성함보다 내 통장이 풍성한 것을 더 원했습니다.

> 삼가 모든 탐심을 물리치라
> 사람의 생명이 그 소유의 넉넉한 데 있지 아니하니라
> (눅 12:15).

내 안의 정체 모를 탐욕을 깨뜨려주소서.
물질보다 은혜를 더 사모하게 하소서.
하나님이 돈보다 우선이 되게 하겠습니다.

더 좋은 것, 더 편한 것, 더 예쁜 것을 향한 마음을 내려놓습니다.
지금 것도 좋다 여기게 하소서.
지금 있는 것으로도 참 감사하다 고백하게 하소서.
남이 가진 것은 그들의 몫이다 인정하고 자유롭게 하소서.
모든 풍요가 되시는 예수 그리스도의 이름으로 기도합니다.
아멘!

08

앞에서 웃고 뒤에서 흉봤습니다

하나님 아버지,
늘 내가 잘되는 것만 기뻐했던 것을 용서하소서.
남의 기쁨이, 앞에서는 축하했지만 뒤에서는 기쁘지 않았습니다.
누군가의 성공을 보면 마음이 흔들렸습니다.
누군가가 칭찬받고 사랑받는 모습을 보면
외로움과 질투가 올라왔습니다.
남의 기쁨을 온전히 기뻐하지 못했습니다.

그 질투가 시기가 되어
상대방을 깎아내리려 했음을 회개합니다.
앞에서는 웃으면서 뒤에서 험담하기 바빴음을 용서하소서.
이 마음의 정체가 뭔지도 모르면서
시기와 질투에 빠졌음을 용서하소서.
때로는 차가워지고, 때로는 무시하였음을 회개합니다.
사탄에게 마음을 넘겨주었음을 깨닫게 하소서.

> 시기와 다툼이 있는 곳에는
> 혼란과 모든 악한 일이 있음이라
> (약 3:16).

복음은 남을 잘되게 하는 일임을 명심하게 하소서.
하나님의 풍성하심을 믿고
남의 일을 진심으로 축복하게 하소서.
질투 대신에 축복하기 원합니다.
시기 대신에 중보하겠습니다.
내 주변이 잘되어야 나도 잘됨을 믿습니다.

내가 받은 은혜가 넘쳐남을 고백합니다.
기쁨을 나누는 넉넉한 마음을 허락하소서.
감사한 눈으로 모든 것을 아름답게 보게 하소서.
내 안에 계신 예수 그리스도의 이름으로 기도합니다.
아멘!

09

미움을 방치하고
마음의 벽을 쌓았습니다

사랑의 하나님,
마음에 걸림이 있으면서 해결하지 못했음을 회개합니다.
그저 괜찮다고 포장하면서 그대로 방치했음을 용서하소서.
상처받은 말을 잊지 않고 되새기며 미움을 방치했습니다.
억울한 일을 용서한 척하며
기억 속에서 지우지 않았습니다.
생각할 때마다 미워했으면서
거짓 용서에 스스로 속았음을 용서하소서.

때로는 상대가 모르게 속였습니다.
때로는 나 자신도 모르게 속였습니다.
사람을 미워하며 마음의 벽을 쌓았음을 회개합니다.
축복하는 대신 외면했고,
화해보다 거리 두기를 택했습니다.
서운한 마음을 주님께 내려놓습니다.

> 그 형제를 미워하는 자마다 살인하는 자니 살인하는 자마다
> 영생이 그 속에 거하지 아니하는 것을 너희가 아는 바라
> (요일 3:15).

용서하지 못했다면

스스로 아직 용서하지 못했음을 인정하게 하소서.

아직 미움이 있다면

스스로 치유가 필요함을 고백하게 하소서.

인간이니 미워할 수 있음을 인정하게 하소서.

그리고 스스로를 불쌍히 여기고 기도하게 하소서.

하나님의 때에 용서의 기회를 가질 수 있게 도와주소서.

마음의 연약함을 도와주시는 주님,

용서 앞에 정직하게 섭니다.

미움을 해결하고 자유를 얻게 하소서.

온전한 회개를 받으시는 예수 그리스도의 이름으로 기도합니다.

아멘!

10

용서할 마음이 없었습니다

하나님 아버지,
나의 마음 가운데 용서할 마음이 없음을 회개합니다.
상처받은 말들을 날마다 생각하며 되새기고 있음을 고백합니다.
밤마다 잠을 설치며 상상의 나래를 펼칩니다.
그 사람의 나쁜 의도를 상상하며
나의 시간을 낭비함을 용서하소서.
그 사람을 용서하지 않는 문제보다
내가 병들고 있음을 고백합니다.

그렇게 싫은 사람과 모든 순간 동행하고 있습니다.
오히려 좋아하는 사람보다
더 많이 생각하고 기억함을 용서하소서.
이 얼마나 어리석은 일입니까.
아버지여, 나의 부끄러운 고집을 꺾게 하소서.
미워하는 사람과 더 이상 동행하는 일이 없게 하소서.

> 서로 용서하기를 하나님이
> 그리스도 안에서 너희를 용서하심과 같이 하라
> (엡 4:32).

주님은 사랑으로 덮으셨으나
나는 그럴 수 있는 사랑이 없습니다.
아버지의 도움이 필요합니다.
그 사람을 위해서가 아니라 나를 위해 결단하겠습니다.
더 이상 스스로 망가지지 않도록 용서하고 잊게 하소서.
어두운 미움의 세상에서 나를 건지소서.

주님의 치유를 구합니다.
미움의 사슬을 끊고 자유의 세상으로 나아갑니다.
철창을 뚫고 나와 하나님이 주신
아름다운 세상으로 나아가게 하소서.
죽음의 사슬을 끊고 이기신 예수 그리스도의 이름으로 기도합니다.
아멘!

11

탓하는 것을 멈추지 못했습니다

하나님 아버지,
언제나 나를 돌보시는 하나님의 은혜를 누리고 삽니다.
그럼에도 불구하고 그 은혜에 감사하지 못했습니다.
모든 일에 남의 탓을 하며
불평과 원망의 입술을 가졌음을 용서하소서.
내가 잘못해 놓고도 언제나 남의 잘못을 찾아냈습니다.
다른 사람에게서 늘 원인을 찾았던 것을 회개합니다.

분노하면서 너 때문에 내가 분노하게 됐다고 탓했습니다.
게으름 피우면서 너 때문에 피곤한 거라고 탓했습니다.
감기에 걸려도 너 때문에 옮았다고 했으며,
지각을 해도 저 사람이 운전을 못해서라고 했습니다.
모든 문제와 모든 잘못을 남의 탓으로 돌렸습니다.

이 악한 마음을 용서하소서.
나의 부족함을 인정하지 못하는 거짓에서 벗어나게 하소서.

> 모든 일을
> 원망과 시비가 없이 하라
> (빌 2:14).

나만 잘났고 남은 못났다는 교만함이 깨어지게 하소서.
설사 누군가 때문이라 하더라도
죄를 지은 것은 나 자신임을 기억하게 하소서.
남 탓을 멈추고 나를 정직하게 바라보기 원합니다.

남 탓을 하기 전에 내가 받은 은혜를 기억합니다.
지금 문제가 있어도 괜찮음을 믿고 나아갑니다.
입술에서 원망이 아니라 감사가 넘치게 하소서.
모든 것을 풍성히 허락하신 예수 그리스도의 이름으로 기도합니다.
아멘!

12

불평이 습관이 되었습니다

하나님 아버지,
사방을 둘러보면 감사할 조건이 많음에도
감사하지 못함을 회개합니다.
날씨에, 사람에게, 환경에
끊임없이 불평의 입술을 열었습니다.
나도 모르게 반복되는 말들이 내 삶에 배어버렸습니다.
감사와 찬양 대신에 짜증으로 하루를 살았음을 용서하소서.
모든 것이 마음에 들지 않는 매일을 살았습니다.

그런 불평이나 짜증 이면에는 때로
더 나은 것을 바라는 욕심이 있었습니다.
결국 언제나 자족하지 못한 탐욕이 있었습니다.
날마다 더 바라고 바라는 갈급함의 발로였습니다.
자족을 모르는 불평의 삶을 이기게 하소서.
하나님 앞에서 모든 것에
감사하는 마음과 입술을 허락하소서.

> 그들 가운데 어떤 사람들이 원망하다가 멸망시키는 자에게 멸망하였나니
> 너희는 그들과 같이 원망하지 말라
> (고전 10:10).

눈에 보이는 문제보다, 그 속에 숨은 은혜를 먼저 보게 하소서.
불만으로 망가진 시선을 고쳐내게 하소서.
입술만이 아니라 마음의 근본을 다시 돌아봅니다.
내 마음에 하나님으로 충분하지 못한
우상과 욕심이 있음을 회개합니다.
다시금 십자가의 은혜를 묵상하게 하소서.

내가 받은 하나님의 사랑에는 부족함이 없습니다.
십자가의 은혜가 나를 건질 것입니다.
나의 생각을 갈아엎고 주님의 마음으로 회복하기 원합니다.
나의 희망이 되시는 예수 그리스도의 이름으로 기도합니다.
아멘!

13

너무 쉽게 포기했습니다

은혜의 하나님,
오늘도 너무 쉽게 포기하는 내 모습을 회개합니다.
너무 자주, 너무 쉽게 포기했습니다.
기도하다가 응답이 더뎌지면 언제나 "이쯤 해서 그만두자" 했습니다.
상황이 나빠지면 하나님께도 등을 돌렸음을 용서하소서.
마치 하나님은 나에게
좋은 것은 주시지 않는 것처럼 여겼습니다.

낙심하면서 게으름에 명분을 세웠습니다.
체념하면서 마치 내려놓는 믿음처럼 포장했습니다.
언제나 나의 한계를 정해놓고 주님도 한계 안에 가두었습니다.
나의 하나님을 너무 작은 테두리에 가두었던 것을 용서하소서.
나의 게으름을 멋지게 포장했던 위선을 용서하소서.

주님, 이제 낙심하지 말라는 말씀을 붙잡습니다.
오늘 결과가 보이지 않더라도 주님은 반드시 일하심을 믿습니다.

> 우리가 선을 행하되 낙심하지 말지니
> 포기하지 아니하면 때가 이르매 거두리라
> (갈 6:9).

실패 속에서 주님의 목적을 발견하게 하소서.
기다림 속에서 주님의 타이밍을 신뢰하게 하소서.
무엇이든 포기하지 않고 묵묵히 걸어가겠습니다.

선한 일을 하다 포기하지 말게 하소서.
나의 약함을 받아들이는 것이 낙심이 되지 않게 하소서.
다시 주님의 손을 붙들고 일어서게 하소서.
언제나 나의 모든 공백을 채우시는
예수 그리스도의 이름으로 기도합니다.
아멘!

14

말의 힘을 무시했습니다

하나님 아버지,
힘들다 힘들다 했더니 힘들어졌습니다.
없다 없다 했더니 없어졌습니다.
밉다 밉다 했더니 미워졌습니다.
내 말이 내 귀에 들렸을 때 그것이 사실이 되었습니다.
나의 어리석음을 용서하소서.

말이 가진 힘이 얼마나 대단한 것인지 간과했습니다.
내가 하는 말이 나의 뇌에 박혀 기정사실화되었습니다.
내 입술을 지켜주소서.
나의 말이 헛소리라도 뱉어내지 말게 하소서.
소망의 말, 기대의 말, 믿음의 말을 하게 하소서.

나의 말이 나의 신앙을 반영하게 하소서.
하나님을 사랑하는 말을 통해 나의 영혼이 회복되게 하소서.
그동안 입 밖으로 나왔던 모든 부정적인 언어를 회개합니다.

> 그들에게 이르기를 여호와의 말씀에 내 삶을 두고 맹세하노라
> 너희 말이 내 귀에 들린 대로 내가 너희에게 행하리니
> (민 14:28).

내 말을 내가 듣고 오염되었던 나의 뇌를 씻어주소서.
그리고 다시 성령님의 언어로 나를 새롭게 하여 주소서.

새롭다 새롭다 고백하기 원합니다.
족하다 족하다 하며 만족하기 원합니다.
좋다 좋다 하며 감사하기 원합니다.
내 입술의 모든 회개를 눈처럼 씻어주시는
예수 그리스도의 이름으로 기도합니다.
아멘!

15

영혼 없는 예배를 드렸습니다

하나님 아버지,
기도의 자리가 익숙하지만 진심이 없었음을 회개합니다.
예배의 자리에 앉아있지만, 늘 다른 생각으로 가득 차 있었습니다.
영혼 없는 예배와 기도, 무의미한 찬양의 소리를 용서하소서.
하나님을 향한 갈망이나 만남에 대한 기대가 없었습니다.
성경을 읽으면서도 그 안에서 주님의 음성을 듣지 않았습니다.

언제나 나의 생각이 주도했고 나의 생각이 먼저였습니다.
오늘 해야 할 일들을 반추하거나 눈에 거슬리는 것들에 집중했습니다.
눈은 열려있지만, 마음은 늘 닫혀있었습니다.
하나님을 향한 마음 없음을 회개합니다.
경외함을 잃은 예배를 회개합니다.

번잡한 자리에서 벗어나 오롯이 하나님을 예배하게 하소서.
군중 속에서도 오직 하나님께 집중할 수 있는 갈망을 허락하소서.
내 마음 안에 있는 진심을 꺼내기 위해 수고하게 하소서.

> 내가 네 행위를 아노니
> 네가 살았다 하는 이름은 가졌으나 죽은 자로다
> (계 3:1).

하나님을 만나는 만남의 기쁨을 회복하기 원합니다.
온전한 예배를 회복하게 하소서.

영적으로 죽은, 오래된 신앙을 벗어나게 하소서.
겉보기에 번지르르한 경력직 신앙에서 벗어나
새롭게 되기 원합니다.
하나님 앞에 죽은 모습에서 산 자의 모습으로 회복되게 하소서.
나의 생명이 되시는 예수 그리스도의 이름으로 기도합니다.
아멘!

16

미루고 미루는 습관을 버리지 못했습니다

하나님 아버지,
날마다 같은 게으름의 반복을 회개합니다.
해야 하는 일을 알면서도 "내일 하지 뭐"라는 말로 미루었습니다.
기도도 미루고, 만남도 미루고, 회개도 미루었습니다.
시간 있을 때, 기회 닿을 때, 다음에, 다음에…
결국 수십 년 동안 하지 않은 일들이 산더미처럼 쌓여서
지나갔습니다.

미루는 습관을 회개합니다.
별거 아니라고 스스로를 위안하며 평안을 유지했습니다.
회개도 하지 않을 만큼 일상이 되었습니다.
미루는 것은 게으름이 아니라고 생각했습니다.
미룸으로 성실과 신뢰를 잃어버림을 깨닫게 하소서.

무엇보다 하나님을 사랑하는 일을 미루지 않겠습니다.
게으름은 하나님을 우선순위에서 밀어낸 신앙의 무너짐이었습니다.

> 게으른 자여 개미에게 가서
> 그가 하는 것을 보고 지혜를 얻으라
> (잠 6:6).

작은 태만이 나의 영적 근육을 약하게 만들었음을 용서하소서.
오늘 해야 할 일들을 오늘 하게 하소서.
급한 일보다 오늘 해야 하는 중요한 영적인 일들을 하게 하소서.

작은 약속, 작은 일에도 성실하겠습니다.
지킬 힘을 허락하소서.
미루지 말고 바로 실천하게 하소서.
하루의 원동력이 되시는 예수 그리스도의 이름으로 기도합니다.
아멘!

17

할 수 있지만 최선을 다하지 않았습니다

하나님 아버지,
내게 주어진 일터가 사명인 것을 알면서도 나태했음을 회개합니다.
회사만이 일터가 아니라 내가 사는 모든 곳이 일터임을 잊었습니다.
늘 바쁜 것처럼 행동했지만, 실제로 별것 아닌 일에 분주했습니다.
사람들 보기에만 바빠 보였지, 실제로는 허세였음을 회개합니다.
나에게 주어진 모든 일에 게을렀음을 용서하소서.

그것이 청소이든, 식사이든, 회사 일이든,
학교생활이든 대충 했습니다.
나에게 주어진 일은 왠지 소모적이고 쓸데없는 일 같았습니다.
'이게 뭐가 중요해서 내가 이렇게 살아야 하나'
회의하면서 시간을 낭비했습니다.
지금 주어진 일을 하나님이 주신 사명처럼 해야 했는데
현재의 일에 최선을 다하지 못했음을 용서하소서.

> 무슨 일을 하든지 마음을 다하여 주께 하듯 하고
> 사람에게 하듯 하지 말라
> (골 3:23).

나에게 주어진 일을 사명으로 보는 눈을 허락하소서.
나에게 맡겨진 일을 축복으로 볼 수 있게 하소서.
피곤하다는 핑계로 매 순간 대충 했음을 회개합니다.
작은 일에서도 의미를 발견하게 하소서.
그리고 그 의미가 누군가를 위한
은혜의 나눔이 됨을 알게 하소서.

오늘 내가 하는 모든 일이
하나님께 드리는 예배임을 기억하게 하소서.
단순한 보고서 하나도, 반복되는 잡무도, 허드레 심부름이라도
하나님이 주신 자리를 지키는 일임을 믿고 임하겠습니다.
언제나 인간으로서 최선을 다하셨던
예수 그리스도의 이름으로 기도합니다.
아멘!

18

게으름이 악한 것임을 몰랐습니다

하나님 아버지,
하나님이 나에게 맡기신 달란트를 외면하며 살았습니다.
하나님이 허락하신 유쾌한 성품, 잘 챙기는 꼼꼼함,
능력이나 말주변, 위로하는 마음, 차분한 판단력,
어우르는 친화력, 도전하는 용기 등 가진 것을 나누지 못했습니다.
내 안에만 감추어두고 나만을 위해 낭비하였음을 회개합니다.
부지런히 남을 위해 썼어야 하는 것들을
게으르게 지니고만 있었습니다.

남들이 나보다 뛰어나 보인다는 이유로,
내 것이 초라하게 느껴진다는 이유로
하나님이 주신 나의 달란트를 땅에 묻듯 묵혀두었습니다.
하나님이 주신 기회를 두려움과 비교 속에 외면했습니다.
내가 나를 쓸모없다고 여기느라
주님이 나를 쓰시려는 기회도 놓쳤습니다.
나의 어리석음을 용서하소서.

> 그 주인이 대답하여 이르되 악하고 게으른 종아
> 나는 심지 않은 데서 거두고 헤치지 않은 데서
> 모으는 줄로 네가 알았느냐(마 25:26).

나를 인정하지 않는 것이 게으름이라는 생각을 못했습니다.
내가 아무것도 아니라고 비하하는 것이
하나님의 일하심을 막는 것임을 몰랐습니다.
하나님이 나를 만드신 그 아름다운 일을 무시했습니다.
그렇게 나를 향한 하나님의 뜻을 왜곡했음을 회개합니다.
숨겨놓은 하나님의 보물을 다시 찾아
사람들과 함께 나누게 하소서.

하나님 앞에 숨지 않고,
땅에 묻지 않고 기쁨으로 섬기겠습니다.
작은 재능이라도 부지런히 함께 나누고 쓰겠습니다.
하나님이 주신 나 됨을 인정하는 용기와 지혜를 허락하소서.
부르심 앞에 가장 성실하셨던
예수 그리스도의 이름으로 기도합니다.
아멘!

19

술이 너무 좋습니다

하나님 아버지,
술을 너무 가까이함을 회개합니다.
술을 마시는 것 자체가 죄는 아니지만,
술에 너무 의지하고 있음을 고백합니다.
마치 나를 위로해 주는 것은 술밖에 없는 것처럼
술이 없으면 나의 인생이 의미 없는 것처럼 술을 사랑했습니다.

힘들고 마음이 어려울 때
하나님보다 술이 더 위로가 된다 여겼습니다.
어느 순간 너무 좋아하게 되었음을 용서하소서.
처음에는 단순한 취미처럼, 습관처럼 여겼습니다.
하지만 자주 과해지고 실수하고 죄를 짓는 계기가 되었습니다.
술을 사랑하고 절제하지 못함을 용서하소서.

피곤하다는 이유로, 스트레스를 푼다는 핑계로
술에 의지해 마음을 달래려 했습니다.

> 술 취하지 말라 이는 방탕한 것이니
> 오직 성령으로 충만함을 받으라
> (엡 5:18).

술 없이는 할 수 없는 일들이 생겨버림을 회개합니다.
감정을 술로 다스리려는 오류를 용서하소서.
고독할 때 술이 아니라 아버지를 찾게 하소서.

내 안의 허기를 술이 아닌 주님의 임재로 채우겠습니다.
의존을 끊고 절제를 선택하게 하시며
혼탁함에서 벗어나게 하소서.
맑은 몸과 마음으로 주님을 온전히 느끼는 회복을 기대합니다.
성령으로 충만한 하루하루를 소망합니다.
언제나 모든 순간 나의 전부 되시는
예수 그리스도의 이름으로 기도합니다.
아멘!

20

통장 잔고가 나의 안전이 되었습니다

하나님 아버지,
어느 사이엔가 돈 없이는 아무것도 할 수 없게 되었습니다.
돈이 없으면 불행하고, 돈이 많으면 행복합니다.
모든 행복과 불행의 기준이 돈이 되어버림을 용서하소서.
하나님이 떠나가셔도 돈만 있으면 즐거울 것 같은 마음으로 삽니다.
말은 아니라고 하지만, 하나님보다 돈이 절박할 때가 많습니다.

내 안의 마음, 진심, 중앙에 돈이 있음을 고백합니다.
돈을 사랑하고, 돈을 좇아가고,
돈이 목표가 되고, 돈이 지위가 되었습니다.
채워도 채워도 만족함이 없습니다.
돈을 사랑하고 있음을 회개합니다.
돈이 현실의 가장 윗자리에 있음을 용서하소서.

불확실한 미래를 두려워하며 돈이 있으면 안심했습니다.
하나님보다 돈에 더 집착했고,

> 돈을 사랑함이 일만 악의 뿌리가 되나니 이것을 탐내는 자들은
> 미혹을 받아 믿음에서 떠나 많은 근심으로써 자기를 찔렀도다
> (딤전 6:10).

통장 잔고가 나의 안전이 되었습니다.
주님을 신뢰하기보다 돈을 훨씬 더 신뢰했습니다.
하나님보다 돈이 먼저였음을 정직하게 회개합니다.

내가 믿는 신앙이 실제가 되게 하소서.
하나님이 내 인생의 통치자이심을 실제로 믿고 맡겨드립니다.
나의 미래를 책임지는 것이 돈이 아니고
하나님이심을 믿습니다.
모든 부요함의 주인이 되시는
예수 그리스도의 이름으로 기도합니다.
아멘!

21

말씀보다 휴대폰에서
답을 찾았습니다

하나님 아버지,
눈을 뜨자마자 휴대폰을 찾고, 틈만 나면 영상을 봅니다.
손에 휴대폰이 없으면 불안해질 지경입니다.
모든 정보, 모든 판단, 모든 일상을 휴대폰과 함께 하고 있습니다.
그 안에서 본 영상들이 내 판단의 기준이 되었음을 회개합니다.

휴대폰을 보는 시간의 100분의 1도 하나님께 기도하지 않습니다.
하나님, 나의 영혼을 모두 빼앗김을 용서하소서.
내 삶의 모든 틈바구니를 휴대폰으로 채우는 것을 용서하소서.
하나님을 바라볼 틈이 없습니다.
하나님께 질문할 틈이 없습니다.

휴대폰이 답이 되고, 휴대폰이 쉼이 되는 삶을 회개합니다.
묵상도 사라지고, 기도도 사라짐을 용서하소서.
말씀보다 휴대폰에서 답을 찾는 인생을 멈추게 하소서.
휴대폰으로 잃어버린 영적인 집중력을 다시 회복하게 하소서.

> 모든 것이 내게 가하나 다 유익한 것이 아니요
> 모든 것이 내게 가하나 내가 무엇에든지 얽매이지 아니하리라
> (고전 6:12).

고요함을 다시 찾게 하시고
내 손에서 휴대폰을 내려놓게 하소서.

진짜 하나님과의 관계를 사모합니다.
세상의 시끄러운 모든 소리를 흡입하듯 사는 삶을
멈추기 원합니다.
하나님의 소리에 집중함으로 의미 있는 하루를 살겠습니다.
나의 모든 답이 되시는 예수 그리스도의 이름으로 기도합니다.
아멘!

22

돈 쓰는 것이 너무 재밌습니다

하나님 아버지,
무엇을 입을까, 무엇을 살까 고민하며
소비와 소유에 마음을 빼앗겼습니다.
다른 사람보다 더 많은 정보를 갖고 싶어 안달했습니다.
싸기만 하다면 당장 구매하며 늘 할인과 광고에 마음이 흔들렸습니다.
큰 것을 못 사면 작은 것 여러 개를 구매하며 마음을 채웠습니다.

물질에 마음을 빼앗긴 나를 용서하소서.
돈을 쓸 때 그 물건이 더 많은 소유를 주는 것 같아 행복했습니다.
남들이 가진 것과 비슷한 것이라도 갖고 싶어 안달했습니다.
내가 소유한 물건이 나의 가치인 것처럼 여겼던 죄를 용서하소서.
주님의 나라보다 내 쇼핑 목록이 먼저였음을 회개합니다.

주님, 무엇보다 나의 기준이 바뀌게 하소서.
가진 것을 소중히 여기며 감사하는 마음을 갖게 하소서.
물건을 향한 탐심을 멈추고 주님을 바라봅니다.

한 사람이 두 주인을 섬기지 못할 것이니
혹 이를 미워하고 저를 사랑하거나 혹 이를 중히 여기고 저를 경히 여김이라
너희가 하나님과 재물을 겸하여 섬기지 못하느니라(마 6:24).

남이 가진 무엇보다 하나님을 더 사랑하겠습니다.
그들이 가진 것을 부러워하지 말고,
영적인 성장을 부러워하게 하소서.

결제 버튼을 누르는 것보다 기도를 먼저 하게 하소서.
택배를 받는 기쁨보다 은혜를 받는 기쁨을 더 추구하게 하소서.
사람의 시선보다 하나님의 시선을 더 의식하며 살게 하소서.
나의 모든 필요를 이미 채우신
예수 그리스도의 이름으로 기도합니다.
아멘!

23

칭찬과 인정에 목말라했습니다

하나님 아버지,
내가 만든 우상은 돌이나 나무가 아니었습니다.
잘했다, 멋지다, 대단하다, 부럽다 같은 말을 듣는 것이었습니다.
'성공', '안정', '평판', '인정'을 목말라했음을 회개합니다.
내 인생의 성패가 사람들의 평가에 달려있는 것처럼
교만하고 좌절했습니다.
하나님의 인정보다 사람들의 인정이
훨씬 더 기쁨이었던 것을 용서하소서.

내가 잘 살고, 못 사는 것이 주님께 있지 않았습니다.
사람들의 평가와 인정을 주님보다 더 소중히 여기며 살아왔습니다.
기도는 했지만, 그 기도의 방향이
내가 설정해 놓은 성공이었습니다.
하나님이 원하시는 방향이 아니라 내가 정한 방향이었습니다.
이것이 실제로 나의 우상이었음을 고백합니다.

> 너희는 자기를 위하여 우상을 만들지 말지니 조각한 것이나
> 주상을 세우지 말며 너희 땅에 조각한 석상을 세우고 그에게 경배하지 말라
> 나는 너희의 하나님 여호와임이니라 (레 26:1).

눈에 보이지 않는 내 안의 많은 신을 버리겠습니다.
내 시간, 에너지, 관심을 하나님께로 돌리겠습니다.
아니라고 하지만 모든 선택의 우선순위는
나의 관심에 있었음을 용서하소서.
주님보다 더 높이고 좋아했던 모든 것으로부터 돌아섭니다.

주님, 내 안에 숨은 우상을 제거해 주소서.
보이지 않는 뿌리 깊은 인정 욕구와 탐욕,
비교 의식을 버리게 하소서.
아버지만이 나의 유일한 왕이심을
진심으로 고백합니다.
나의 참된 왕 되시는 예수 그리스도의 이름으로 기도합니다.
아멘!

24

신앙인의 가면을 쓰고 살았습니다

하나님 아버지,
아침에 눈을 뜨고 밤에 눈을 감을 때
나의 평가 기준이 잘못됨을 회개합니다.
사람들의 시선을 너무 의식하며 살았음을 회개합니다.
사람들에게 잘 보이려고 과한 웃음과 과장된 말들을 남발했습니다.
속으로는 험담하면서 앞에서는 웃음으로 속였습니다.
모든 거짓된 말과 표정, 웃음과 태도를 회개합니다.

진실된 마음으로 회개하고 겉과 속이 같은 삶을 살게 하소서.
신앙의 진실보다 신앙인의 이미지만 만들려 했음을 용서하소서.
착한 가면, 신앙인의 가면을 쓰며 그게 나인 줄 착각했습니다.
가면이 아니라 진짜 신앙인이 되게 하소서.
정직한 입술과 따뜻한 마음과 해결된 속마음으로 다가가게 하소서.

기도하는 척, 봉사하는 척, 문제 없는 척하는 것을 멈추게 하소서.
문제 앞에서 괜찮은 척하며, 신앙인으로 센 척했음을 용서하소서.

> 사람에게 보이려고 그들 앞에서 너희 의를 행하지 않도록 주의하라
> 그리하지 아니하면 하늘에 계신 너희 아버지께 상을 받지 못하느니라
> (마 6:1).

나의 연약함을 인정하고 강하신 주님을 의지하게 하소서.
진짜 나를 감추고 살았던 것을 용서하소서.
내 점수보다 더 나은 점수로 보이고 싶어하는
탐욕을 버리겠습니다.

나의 위선을 회개합니다.
진실된 나를 찾고 정직한 하루하루를 살겠습니다.
누가 보든 안 보든 한결같은 사람이 되게 하소서.
겉과 속이 다른 인생이 아니라
말씀과 삶이 일치하는 사람 되게 하소서.
언제나 참이신 예수 그리스도의 이름으로 기도합니다.
아멘!

25

하나님을 사랑하는 척했습니다

하나님 아버지,
매일 식기도도 하고 일주일에 한 번씩 예배도 드리지만
뭔가 허전합니다.
주중의 나의 삶은 그저 주어진 나의 일상을
시간별로 나열하는 것 같습니다.
하나님과 동행하는 느낌이 전혀 없습니다.
교회에서 찬양할 때는 목청껏 주님을 노래하지만 그때뿐입니다.
진심과 간절함이 없는 참여였음을 회개합니다.

가끔 뜨거운 마음으로 사랑한다고 고백하지만,
실은 진심이 아니었습니다.
하나님을 사랑한다 하면서
어떻게 그렇게 까맣게 잊고 살겠습니까.
진심으로 사랑한다면
어떻게 싫어하시는 일만 골라서 할 수 있겠습니까.

> 이 백성이 입으로는 나를 가까이 하며 입술로는 나를 공경하나
> 그들의 마음은 내게서 멀리 떠났나니
> (사 29:13).

다 거짓말이었습니다.
스스로를 속였습니다.

입술만이 아니라 진짜가 되게 하소서.
형식만이 아니라 본질을 찾게 하소서.
관행만이 아니라 감격을 가지게 하소서.
종교적인 모든 습관을 버리고 성령님과 동행하게 하소서.
하나님과의 마음 없는 데이트를 버리고 진심으로 만나게 하소서.

하나님이 얼마나 아름다운 분이신지를 다시 묵상합니다.
하나님의 사랑이 얼마나 큰지를 가슴에 새깁니다.
그 큰 사랑을 고백할 수밖에 없는
진심으로 가득 찬 하나님의 자녀 되게 하소서.
나의 모든 사랑이 되시는 예수 그리스도의 이름으로 기도합니다.
아멘!

02

입술의 허물을 고백합니다

악인은 입술의 허물로 말미암아 그물에 걸려도
의인은 환난에서 벗어나느니라
(잠 12:13).

26

말 한마디에 좌절했습니다

하나님 아버지,
누군가의 말 한마디에 하루를 망치고 기분이 달라집니다.
나의 인생이 사람들의 말에 좌지우지되고 있음을 회개합니다.
칭찬받지 못하면 내가 쓸모없는 사람처럼 느껴집니다.
하나님의 사랑을 받으면서도 늘 사람의 사랑이 그립습니다.
주님의 사랑을 마다하고 인간의 말에 의존하는 약함을 용서하소서.

사람의 시선과 반응에 너무 민감해,
하나님보다 사람을 더 두려워했습니다.
인정받고 싶은 욕구가 마음 중심에 너무 강하게 자리 잡았습니다.
그런 하루하루가 모여서 나의 인생이 그 길로 감을 용서하소서.
사람 앞에서는 강해 보이나, 주님 앞에서는 솔직하지 못했습니다.
주님만으로 다 괜찮다는 말은 허망한 고백이 되었습니다.

주님 안에 참된 강함이 있고 내 삶의 가치가 있음을 알게 하소서.
아버지보다 사람들을 더 두려워했음을 용서하소서.

> 이제 내가 사람들에게 좋게 하랴 하나님께 좋게 하랴 사람들에게 기쁨을 구하랴
> 내가 지금까지 사람들의 기쁨을 구하였다면 그리스도의 종이 아니니라
> (갈 1:10).

하나님의 인정은 아랑곳없고
사람의 인정만을 찾았음을 용서하소서.
하나님을 기쁘시게 하는 일보다
사람을 기쁘게 하는 일을 우선했습니다.
나의 신앙이 완전히 뒤범벅이 되었음을 용서하소서.

하나님의 사랑 안에서 나의 존재 가치를 다시 발견합니다.
연기처럼 날아가버릴 사람의 인정을 따라 살지 않겠습니다.
내 하루의 모든 순간 주님의 뜻을 구하며 살기 원합니다.
나를 가장 가치 있게 만드시는
예수 그리스도의 이름으로 기도합니다.
아멘!

27

걱정 때문에 평안을 잃었습니다

하나님 아버지,
내일에 대한 걱정이 오늘을 망쳐버릴 때가 많습니다.
모든 오늘에는 내일이 있는데,
내일이라는 미래는 언제나 염려투성이입니다.
온갖 안 될 가능성들을 떠올리며
걱정하는 삶을 용서하소서.
미래는 하나님의 손에 있음을 믿지 못했습니다.
걱정하는 시간에 기도하지 못했습니다.

닥치지도 않을 일들로 평안을 잃었고 불안해했습니다.
기도는 하지만, 기도에 신뢰가 없어 다시 걱정했습니다.
나의 온전하지 못한 믿음과 신뢰 없는 기도를 용서하소서.
염려의 자리에서 나오지 못했다면
나는 하나님을 믿지 않고 있는 것입니다.
진짜 믿음의 기도를 드리게 하소서.

> 아무 것도 염려하지 말고 다만 모든 일에 기도와 간구로,
> 너희 구할 것을 감사함으로 하나님께 아뢰라
> (빌 4:6).

걱정 대신 기도를 택하겠습니다.
기도할 때 하나님의 크심을 알게 하소서.
하나의 염려를 밀어내고, 또 다른 염려를 채우지 않겠습니다.
이 세상의 모든 것은 변하나, 변치 않으시는 주님을 보게 하소서.
크고 신실하신 하나님께 나의 인생을 맡겨드립니다.

하나님의 시간을 인정합니다.
하나님의 위대하심을 받아들입니다.
내 상황을 주관하시되 나의 모든 미래를 주관하여 주소서.
나의 주 예수 그리스도의 이름으로 기도합니다.
아멘!

28

응답을 기다리는 게 너무 힘이 듭니다

하나님 아버지,
하나님 앞에 기도한 것을 기다리지 못함을 용서하소서.
조급한 마음이 앞서서 불평의 마음이 생기곤 합니다.
내 마음대로 기도해 놓고,
응답도 내가 원하는 때를 강요한 것을 용서하소서.
믿음이 없음입니다.
하나님의 뜻보다 내 뜻을 우선했기 때문입니다.

나의 속도에 하나님을 맞추려 했던 성급함을 회개합니다.
내 생각에 지금이어야 한다는 교만함을 내려놓게 하소서.
마치 하나님을 말귀를 알아듣지 못하는 분으로 취급함을 용서하소서.
하나님의 때를 기다리지 못하고, 다른 방법을 짰음을 회개합니다.
기도해 놓고 전혀 믿지 않았음을 회개합니다.

주님의 때를 기다리지 못하는 조급함을 회개합니다.
그로 인해 또 다른 고통을 겪으면서도 반복함을 용서하소서.

> 여호와 앞에
> 잠잠하고 참고 기다리라
> (시 37:7).

참지 못해서 망쳐버린 관계들을 용서하소서.
인내하지 못해 그르친 일들을 용서하소서.
성급한 말로 상처 주었던 일들을 용서하소서.

주님께 모든 것을 맡겨드립니다.
말만이 아니라 마음으로 신뢰하게 하소서.
조급함을 버리고 하나님의 시간을 기다리게 하소서.
시간의 주인이신 예수 그리스도의 이름으로 기도합니다.
아멘!

29

탐식을 끊지 못했습니다

하나님 아버지,
먹는 것으로 위로받고, 먹는 것으로 스트레스를 풀며 살았습니다.
삶의 허기를 탐식으로, 음주로 채우려 했습니다.
배가 고프지 않아도 먹고, 배가 불러도 먹었습니다.
먹는 것이 죄가 될 거라 생각하지 못했습니다.
입은 만족했지만 늘 죄책감이 들고, 오히려 마음은 공허했습니다.

주님이 주시는 평안이 아닌, 늘 다른 방법을 찾음을 용서하소서.
세상의 위로로 마음을 달래려 한 나의 어리석음을 용서하소서.
자제하지 못하고 자꾸 손이 가는 습관을 정당화했습니다.
몸을 망치고 건강을 해치면서도 멈추지 못함을 용서하소서.

나의 몸은 성령의 전입니다.
하나님이 주신 몸과 마음을 온전히 지키기 원합니다.
하나님의 위로를 믿고 절제의 훈련을 다시 시작하게 하소서.
음식이 아니라 주님과의 만남으로 채우게 하소서.

> 술 취하고 음식을 탐하는 자는
> 가난하여질 것이요
> (잠 23:21).

죄책감의 굴레에서 벗어나
주님과 동행하는 기쁨을 누리게 하소서.

육체의 욕망보다 하나님의 뜻을 따르는 자가 되게 하소서.
먹는 것도 마시는 것도 다 주님의 것이니
그 뜻을 따르기 원합니다.
건강한 몸으로 다시 자존감을 회복하게 하소서.
나의 참된 위로가 되시는 예수 그리스도의 이름으로 기도합니다.
아멘!

30

소비와 돈에 대한 갈망이 있습니다

하나님 아버지,
아무리 노력해도 돈에 대한 갈망을 놓지 못함을 회개합니다.
언제나 하나님을 사랑한다 하면서 돈을 사랑함을 용서하소서.
돈이 주는 만족감을 너무 사모하고 있습니다.
더 좋아 보이는 물건, 더 많아 보이는 삶을 추구했습니다.
필요가 아니라 원함에 가득 찼던 소비를 용서하소서.

더 비싼 것을 마음껏 사는 사람을 부러워했습니다.
나의 분수에 맞지 않음을 알면서도 마음을 제어하지 않았습니다.
옳지 않음을 알면서도 그 마음이 괜찮다 여겼습니다.
하나님 아버지, 물질을 사모하는 마음을 용서하소서.
이 시대는 그래도 된다는 타협을 멈추게 하소서.

결국 나를 불행하게 만드는 마음을 내려놓기 원합니다.
끝없이 비교하고, 더 좋은 것을 좇는 삶을 버리게 하소서.
하나님만이 참된 기쁨이 되심을 삶으로 증명하게 하소서.

> 자기를 위하여 재물을 쌓아 두고
> 하나님께 대하여 부요하지 못한 자가 이와 같으니라
> (눅 12:21).

돈을 사모하고 물건을 쌓아놓고도
만족이 없는 삶을 버리게 하소서.
입은 옷에 자족하고, 가진 물건에 만족하게 하소서.

소비보다 큰 기쁨이 되시는 주님을 사모합니다.
내 사람의 행복과 즐거움은 주님께로부터 옴을 고백합니다.
헛된 생각을 버리고 주님 앞에 나아갑니다.
나의 모든 만족이 되시는 예수 그리스도의 이름으로 기도합니다.
아멘!

31

방탕한 시간을 청산하기 원합니다

하나님 아버지,
짧은 즐거움을 누리려고 경계선 없이
시간을 흘려보낸 날들을 회개합니다.
분별없이 어울리고, 죄에 대해 가볍게 생각했습니다.
죄에 대한 문턱이 너무 가벼워지고 웃고 즐기는 데 집중했습니다.
때로는 판단력을 잃고 휩쓸려 시간을 보냈음을 회개합니다.
나의 주도권을 내어주고 방탕했음을 용서하소서.

술과 소란 속에서 번민을 잊고 싶었지만, 그리하지 못했습니다.
점점 거룩함과 멀어지고, 하나님과의 교제를 놓쳐갔음을 용서하소서.
잠잠히 머무르는 내적인 강인함을 잃어버렸습니다.
무엇이 나를 세우는지, 무엇이 나를 망치는지 분별하게 하소서.
하나님을 붙들고 다시 일어서게 하소서.

쾌락보다 절제를 통해 기쁨을 누리게 하소서.
방탕보다 주님 안에 머무는 사랑의 교제를 선택하게 하소서.

> 낮에와 같이 단정히 행하고
> 방탕하거나 술 취하지 말며
> (롬 13:13).

나의 마음이 불안하여 더 즐거움을 좇고 있음을 고백합니다.
주님을 붙들기 원합니다.
맑은 정신으로 아버지와 교제하기 원합니다.

주님은 나의 빛이십니다.
나의 무엇으로도 그 선명한 인도하심을 대체할 수 없습니다.
나의 손을 붙들어주소서.
주님을 사랑함이 나의 최고의 기쁨이 되게 하소서.
나의 즐거움이 되시는 예수 그리스도의 이름으로 기도합니다.
아멘!

32

말을 정결하게 하지 못했습니다

하나님 아버지,
아무 생각 없이 내뱉었던 나쁜 말들을 회개합니다.
상대방의 마음을 고려하지 않은 말들을 용서하소서.
나도 모르는 사이 상처를 주었던 말들로 인해 회개합니다.
직설적인 것은 나의 개성도, 특성도 아닌 고쳐야 할 단점입니다.
정의로워서가 아니라 나의 주장이 강해서임을 고백합니다.

이전에 내뱉었던 험담과 비방을 용서하소서.
흰 눈보다 더 희게 나를 씻어주소서.
나의 말로 인한 모든 죄악을 이 시간에 용서하여 주소서.
또 실수하겠지만 그래도 이제 모든 것을 청산하고
새롭게 되기 원합니다.
나의 입술을 정결하게 하소서.

나의 생각이, 나의 시선이 단점만을 보고 있었음을 회개합니다.
나는 너보다 낫다는 교만함이 있었음을 회개합니다.

> 칼로 찌름 같이 함부로 말하는 자가 있거니와
> 지혜로운 자의 혀는 양약과 같으니라
> (잠 12:18).

나의 우월함을 드러내고 싶은 마음의 동기가 있었습니다.
사랑 없이 던진 말은 사랑 없는 나의 마음이었습니다.
나의 생각과 마음을 보혈로 씻어주소서.

하나님의 사랑으로 내 마음을 가득 채워주소서.
나의 사랑으로는 턱없이 부족하나,
주님의 사랑으로는 차고 넘칩니다.
그 마음을 부어주셔서
마음과 생각, 입술과 말이 사랑으로 변화되게 하소서.
언제나 우리를 격려하시는 예수 그리스도의 이름으로 기도합니다.
아멘!

33

소문의 주체자가 되었습니다

하나님 아버지,
허전한 말의 공백을 채우기 위해
너무 쉽게 아무 말이나 했던 것을 회개합니다.
정확하지 않은 말을 마치 진실처럼 전한 것을 용서하소서.
다른 사람의 이야기를 그가 없는 자리에서
가볍게 말한 것을 용서하소서.
그 사람에게 유익하지 않을 말을 했다면
모함이 되는 것임을 깨닫습니다.
남의 아픔이 될 수 있는 것을 함부로 말하지 말게 하소서.

정보를 나눈다며 옮긴 수많은 가십들로 죄를 지었습니다.
관심이라고 정당화하며 남의 단점들을 흘렸음을 용서하소서.
말의 무게를 생각 않고 너무 가볍게 말을 주고받음을 용서하소서.
주님의 은혜로 나의 이런 부족함을 용서하소서.
사람의 마음을 먼저 헤아리는 사랑의 마음을 허락하소서.

> 너는 네 백성 중에 돌아다니며 사람을 비방하지 말며
> 네 이웃의 피를 흘려 이익을 도모하지 말라 나는 여호와이니라
> (레 19:16).

사람의 평판을 나누는 일에 더욱 진실되게 하소서.
사람의 좋은 점을 발견하고 칭찬하는 일에 집중하게 하소서.
해야 할 말과 안 해야 할 말을 분별하게 하소서.
때로는 침묵이 사랑임을 알아 인내하고 침묵하게 하소서.
그때 누군가도 나를 위해 그 침묵을 택할 것입니다.

말하려거든 사랑으로 하게 하소서.
주님을 닮아 나의 입술이 변화될 것을 믿습니다.
소문을 일으키는 자가 아니라
소문을 잠재우는 자로 쓰임 받게 하소서.
모든 사랑이 되시는 예수 그리스도의 이름으로 기도합니다.
아멘!

34

남의 것을 도용했습니다

하나님 아버지,
모든 창조의 근원이 되시는 하나님을 찬양합니다.
하나님이 주신 창조의 성품을 올바로 사용하게 하소서.
다른 사람의 생각이나 글을 마치 내 것처럼 사용하지 않게 하소서.
다른 사람의 창작물이나 아이디어를
마치 내 생각인 양 쓰지 말게 하소서.
출처를 밝히지 않고 지적, 물적 재산권을 도용함은 죄입니다.

"남들도 다 그러니까", "좋은 게 좋은 거니까" 하며
저지른 죄를 회개합니다.
교회라는 이름으로, 좋은 일에 쓰이니까
괜찮다고 타협한 도적질을 회개합니다.
다른 사람의 피, 땀, 노력의 결과만 취하는 것이 도적질입니다.
노력 없이 다른 사람의 것을 취하는 죄를 범하지 말게 하소서.
더더욱 교회의 이름으로 저지른 죄악들을 회개하게 하소서.

> 여호와의 말씀이라 그러므로 보라
> 서로 내 말을 도둑질하는 선지자들을 내가 치리라
> (렘 23:30).

세상도 모두 지키는 정직의 선을
그리스도인의 이름으로 넘나듦을 용서하소서.
남의 수고를 나의 성과로 가로채는 직장에서의 죄를 용서하소서.
내가 한 일이 아닌데 내가 한 것처럼 자랑한 죄를 용서하소서.
인정받기 위한 탐심이었다면 도둑질임을 인정하고 회개합니다.

지혜의 하나님을 의지할 때 더 빛나는 것을 주실 줄 믿습니다.
대가를 지불하고 사용할 때,
정직을 위해 지불할 능력을 주실 줄 믿습니다.
하나님이 기뻐하시는 정직한 삶,
부족해도 있는 그대로의 삶을 살게 하소서.
다시 시작하는 용기를 기뻐하시는
예수 그리스도의 이름으로 기도합니다.
아멘!

35

약속을 가볍게 여겼습니다

하나님 아버지,
언제나 신실하신 하나님은 나의 인생에 어김이 없으십니다.
그럼에도 저는 늘 신실하지 못했음을 회개합니다.
작은 약속들을 가볍게 여기며 괜찮다 생각했습니다.
시간을 어기고, 말을 바꾸고,
상황 탓을 하며 약속을 어김을 용서하소서.
책임을 다하지 않고 까먹었다 변명했음을 회개합니다.

결국 신뢰를 잃어버리고도 알지 못했습니다.
스스로만 괜찮다 여겼지,
다른 사람들에게는 때로 상처가 되었음을 몰랐습니다.
누군가의 기대를 저버리고 진심으로 미안해하지 않았습니다.
이런 무심함과 게으름을 용서하소서.
가장 손해는 나 자신임을 알게 하소서.

> 사람이 여호와께 서원하였거나 결심하고 서약하였으면
> 깨뜨리지 말고 그가 입으로 말한 대로 다 이행할 것이니라
> (민 30:2).

작은 말이라도 말한 대로 살게 하소서.
자신의 말을 끝까지 지키는 신실한 사람이 되게 하소서.
하나님의 도우심으로 내 삶의 변화를 허락하소서.
과거에는 신실하지 못했으나 이제는 신실한 사람이 되기 원합니다.
언제나 첫 마음을 지키는 믿음직스러운 사람이 되게 하소서.

영원히 신실하신 주님께 감사드립니다.
끝까지 책임지시는 사랑으로 인해 오늘도 살아갑니다.
그 주님을 본받게 하소서.
나의 주 예수 그리스도의 이름으로 기도합니다.
아멘!

36

거짓 증거로 이웃을 해쳤습니다

하나님 아버지,
언제나 나를 감싸시고 사랑으로 덮으시는 아버지께 감사합니다.
저도 누군가를 감싸고 사랑으로 덮었어야 했는데
그리하지 못함을 회개합니다.
내 말이 누군가를 구한 것이 아니라
해치는 도구가 되었음을 용서하소서.
알지 못하면서 아는 척하고,
미심쩍은 일을 확신 있게 전함을 용서하소서.
그 말들의 파장을 고려하지 못함을 용서하소서.

한 사람의 평판, 삶과 관계들을
말 한마디로 흔들 수 있음을 알게 하소서.
"나도 봤어", "나도 느꼈어"라는 말이
때로 이웃을 해칠 수 있음을 알게 하소서.
이웃을 향한 거짓 증거가
훨씬 더 손쉬운 세상에 살고 있음을 알게 하소서.

> 네 이웃에 대하여
> 거짓 증거하지 말라
> (출 20:16).

가벼운 댓글로, 약간의 추임새로,
긍정하는 고갯짓으로도 가능합니다.
이런 것들을 너무 가볍게 여겼음을 회개합니다.

주님, 내 입이 거짓의 통로가 되지 않게 하소서.
불의에 동조하지 않을 용기를 주소서.
차라리 침묵할 수 있는 지혜를 주소서.
주님처럼 강인하게 불의에 맞설 수 있는 정의를 갖게 하소서.
나의 연약함을 버리고 주님의 강함을 붙듭니다.

나의 손을 꼭 붙들어주소서.
올바른 편에 설 수 있는, 사랑으로 덮을 수 있는
사람이 되게 하소서.
그래서 하나님의 자녀다운 멋진 사람으로 다시 일어나게 하소서.
나의 약함을 도우시는 예수 그리스도의 이름으로 기도합니다.
아멘!

37

작은 것이라며 도적질했습니다

하나님 아버지,
모든 것을 풍성하게 허락하심을 믿습니다.
그럼에도 불구하고 언제나 부족하다 여겨 남의 것을 부러워했습니다.
때로는 습관이 되어 아주 작은 것들을 도적질했음을 회개합니다.
탕비실의 커피믹스라도, 카페의 빨대라도,
화장실의 휴지라도 손대지 말게 하소서.
정당하지 못한 것이라면 손을 대지 않게 하소서.

공동의 것을 나의 것으로 과하게 취하는 것을 멈추겠습니다.
누군가의 허락 없이 내 것으로 삼는 것도 도적질임을 알게 하소서.
회사에서, 가족끼리, 교회에서, 이웃 간에
남의 것을 취하지 말게 하소서.
만남의 시간을 어겨 상대방의 시간을 도적질하지 않게 하소서.
이 모든 행동을 회개합니다.

도둑질하지 말라
(출 20:15).

도둑질은 손으로만 이뤄지는 것이 아니라
마음에서 시작됨입니다.
나의 안일한 마음을 용서하소서.
작다고, 가끔이라고 안일하게 취했던 것을 용서하소서.
주님이 주신 모든 것에 만족하겠습니다.
작은 것 하나라도 부끄럽지 않은 삶을 살겠습니다.

사랑의 주님이 모든 것을 채우실 것을 믿습니다.
정직한 마음과 손으로 새로운 삶을 시작합니다.
주님의 큰 사랑 때문에 작은 유혹은 아무것도 아님을 선포합니다.
나에게 모든 것을 주신 예수 그리스도의 이름으로 기도합니다.
아멘!

38

입에 발린 말이 과했습니다

하나님 아버지,
마음에 진심이 없으면서 입에 발린 말들을 남발했습니다.
상대의 기분을 맞추려는 말이 결국은 진실을 왜곡했습니다.
관계 속에 신뢰보다 유익을 우선했습니다.
격려가 아니라 비위를 맞추려는 의도가 있었음을 회개합니다.
담백한 칭찬이 아니라 의도적인 눈치 보기였음을 용서하소서.

결국 말의 진실성이 떨어짐을 알게 하소서.
겉으로는 친절해 보이지만,
속은 유익을 위한 자기중심의 교만입니다.
때로는 인정받기 위해, 때로는 내 자리를 지키기 위한 도구였습니다.
겉과 속이 다름은 죄이오니 이 이중성을 용서하소서.
사람에게 정직하지 못함을 용서하소서.

상대가 속을 것이라 여겼던 교만함을 용서하소서.
아첨하며 속으로 비웃었던 나쁜 마음을 회개합니다.

> 여호와께서 모든 아첨하는 입술과
> 자랑하는 혀를 끊으시리니
> (시 12:3)

진심을 나누지 않았으니 진정한 교제가 아니었음을 고백합니다.
나로 모든 사람 앞에 진실하게 하소서.
주님이 우리를 향하여 늘 그러셨던 것처럼
나도 참된 사람이 되게 하소서.

나의 아첨하는 말을 버리고 새롭게 될 때
참된 칭찬의 말을 할 줄 믿습니다.
그저 모든 사람을 귀히 여기게 하소서.
내 앞에 있는 사람은 모두 소중한 사람임을 고백합니다.
모든 것에 참되신 예수 그리스도의 이름으로 기도합니다.
아멘!

39

거래에 정직하지 않았습니다

하나님 아버지,
오늘도 하나님 앞에 정직한 삶을 살기 원합니다.
다른 사람과의 거래에 정직하지 못한 것을 돌아봅니다.
조금 더 이익을 얻기 위해 무리한 요구를 했음을 회개합니다.
정확한 정보를 감추고
내게 유리한 방향으로 의도적으로 이끌었습니다.
무엇을 사고팔든 정직하게 하소서.

공정하지 못한 계산을 숨기는 일을 회개합니다.
합리화하면서 속이는 일이 있다면 그것이 거짓의 길임을 고백합니다.
작은 이익 때문에 하나님 앞에서 양심을 버리지 않게 하소서.
당장의 유익을 위해 소탐대실하는 일이 없게 하소서.
하나님 앞에 인정받는 것이 작은 이익보다 큰 유익임을 알게 하소서.

자꾸 작은 이익만 보이는 나의 마음을 도와주소서.
하나님을 바라보고 나의 삶의 태도를 고치기 원합니다.

> 속이는 저울은 여호와께서 미워하시나
> 공평한 추는 그가 기뻐하시느니라
> (잠 11:1).

정직한 것이 손해인 것같이 여기는 어리석음을 버리게 하소서.
모든 유익과 풍성함은 하나님께 있습니다.
하늘의 복을 바라보며 오늘을 있는 그대로 사는 자녀 되게 하소서.

남들은 모르는 이런 작은 변화를 주님은 기뻐하실 줄 믿습니다.
오늘 남을 유익하게 하는 삶을 살겠습니다.
다른 사람의 이익이 나의 기쁨이 되게 하소서.
나를 위해 모든 것을 버리신
예수 그리스도의 이름으로 기도합니다.
아멘!

40

상처를 방치하고 있습니다

하나님 아버지,
언제나 나를 치유하시는 하나님을 신뢰합니다.
그럼에도 불구하고 나를 돌아보지 못함을 용서하소서.
나는 하나님의 소중한 자녀인데, 정작 나에게 너무 소홀했습니다.
내가 상처받고 아플 때에 주님 앞에 나아가지 못했음을 용서하소서.
넘어져도 하나님께로 넘어져야 하는데 그리하지 못했습니다.

상처를 곱씹고 또 상처받기를 반복하며 세월을 낭비했습니다.
아픔을 방치하고 고치려 하지 않았습니다.
하나님이 사랑하시는 나를 방치함을 용서하소서.
마음의 아픔이든, 몸의 아픔이든 방치하지 않게 하시고
나의 내면의 소리를 듣게 하소서.

상처를 준 사람을 용서하고 잊기 원합니다.
그 사람도 그 사람의 사정이 있음을 이해하게 하소서.
그리고 내면의 자유를 얻게 하소서.

> 상한 갈대를 꺾지 아니하며
> 꺼져가는 등불을 끄지 아니하고
> (사 42:3).

질병이 있다면 적극적으로 고치고
불편함으로부터 해방되게 하소서.
두려움을 벗어버리고 직면하여 회복하는 역사를 허락하소서.

하나님이 나를 사랑하시듯이, 나도 나를 사랑하게 하소서.
소중한 인생으로, 하나님의 자녀로 다시 일어서게 하소서.
아픔을 딛고 더 멋진 인생으로 만드실 것을 믿습니다.
나의 주 예수 그리스도의 이름으로 기도합니다.
아멘!

41

뇌물에 태도를 바꾸었습니다

하나님 아버지,
순수하기를 원하지만 잘 되지 않는 순간을 회개합니다.
부탁을 위한 불필요한 호의를 받아들이는 순간
나의 태도가 바뀌었음을 용서하소서.
정의보다 관계를 택하였음을 회개합니다.
하나님이 보고 계신 것을 잊고, 공평하지 못했음을 용서하소서.
받아 누린 호의 때문이 아니라고 합리화했지만
온전하지 못했음을 용서하소서.

때로는 나 역시 불이익을 면하기 위해
과한 선물을 했음을 용서하소서.
하나님을 신뢰하기보다 사람의 힘을 신뢰했음을 인정합니다.
두려움을 이기지 못하고 불안해했습니다.
나의 불의도 눈감아지길 바라며, 남의 불의도 눈감기를 택했습니다.
이 모든 불의한 크고 작은 선택들을 용서하여 주소서.

> 너는 뇌물을 받지 말라
> 뇌물은 밝은 자의 눈을 어둡게 하고
> 의로운 자의 말을 굽게 하느니라(출 23:8).

선물을 줄 때는 정말 순수한 마음으로 주게 하소서.
받을 때는 진정 아무 불의한 의도가 없을 때 받게 하소서.
서로 감사와 진심 어린 마음으로만 호의를 주고받게 하소서.
그렇지 않으면 사람을 점점 도구로 보게 될 것입니다.
공정하지 못한 일들은
누군가의 눈물을 기반으로 함을 잊지 말게 하소서.

나에게 힘이 없어 뇌물 받을 일이 없음을 감사합니다.
여전히 주님만을 의지하며 아버지의 힘에 집중하게 하소서.
사람이 나를 어찌하지 못하니
나의 생사를 주도하시는 주님께 나아갑니다.
나의 힘이 되시는 예수 그리스도의 이름으로 기도합니다.
아멘!

42

외모에 너무 집중했습니다

하나님 아버지,
모든 만물을 아름답게 창조하신 아버지를 찬양합니다.
하나님의 눈에 모든 것이 아름답다 하셨는데
나의 눈에는 그렇지 못함을 회개합니다.
거울을 볼 때마다 더 나아져야 한다는 욕심을 가짐을 용서하소서.
나의 참된 아름다움을 바라보지 못했습니다.
더 고쳐야 하고, 더 젊어져야 하고,
더 잘생겨져야 한다며 불만족했습니다.

나 자신을 먼저 외모로 판단하지 않게 하소서.
외모로 나를 폄하하는 일을 멈추기 원합니다.
다른 사람을 볼 때 겉모습으로 인해
그 평가가 너무 달랐던 것을 회개합니다.
그 사람의 내면을 보기도 전에 섣불리 판단했음을 용서하소서.
딱 보고 안다며 자만했으나 이는 상대를 외모로 판단했음입니다.

> 외모로 판단하지 말고
> 공의롭게 판단하라
> (요 7:24).

나도, 남도 외모로 차별하지 말게 하소서.
사람의 외양보다 그 내면을 들여다보는
정성스러운 마음을 갖게 하소서.
겉으로 드러나는 얼굴이나 말투가 아닌
하나님이 만드신 상대의 아름다움을
볼 수 있는 눈을 허락하소서.
그 무엇보다 나의 내면을 더욱 소중히 여기는 마음을 주소서.

이제 주님의 눈으로 바라보겠습니다.
사랑의 눈으로 모든 사람의 내면을 들여다보겠습니다.
사람의 가치를 더 깊은 시선으로 바라보고 사랑하겠습니다.
나를 너무 사랑하셔서 자신을 버리신
예수 그리스도의 이름으로 기도합니다.
아멘!

43

겉모습으로 차별했습니다

하나님 아버지,
하나님이 사랑으로 창조하신 모든 사람을 사랑하지 못했습니다.
그 사람의 겉모습만 보고, 출신이나 지위를 보고 판단했습니다.
내 기준에 근거해서 때로는 은근히 차별했음을 회개합니다.
나는 인종이나 직업이나 사회적 위치로
차별하지 않는다고 말은 했습니다.
그러나 나의 시선은, 나의 표정은 차별을 표현했음을 용서하소서.

더러운 옷을 입고 있다고,
말투가 어눌하다고 무시했던 적이 있습니다.
사람들과 어울리지 못한다고,
나도 약한 자와 함께 놀지 않았습니다.
학교에서, 직장에서, 사회에서
모르는 사람까지 얕잡아 보았음을 용서하소서.
그들을 판단하는 나는 누구입니까.
나의 한없이 부족함을 보게 하소서.

> 그러므로 무엇이든지
> 남에게 대접을 받고자 하는 대로 너희도 남을 대접하라
> (마 7:12).

우리 모두는 하나님의 은혜로 이 자리에 있음을 고백합니다.
하나님의 사랑이 아니라면
존재할 수 없는 작은 인간임을 다시 기억합니다.
나의 말과 나의 태도가 달랐음을 용서하소서.
내 마음의 교만함을 돌이켜
하나님의 은혜로 살아가는 존재임에 감사하게 하소서.

이제 누군가에게 무시당하는 사람의 편이 되겠습니다.
은근히 따돌리는 모든 만남에서
화목을 이루는 평화의 사람이 되겠습니다.
예수님이 나와 하나님의 다리가 되어주셨듯
나도 그리하겠습니다.
모두를 사랑하시는 예수 그리스도의 이름으로 기도합니다.
아멘!

44

감정적 폭력을 휘둘렀습니다

하나님 아버지,
내 안에 있는 온전하지 못한 폭력적인 모든 것을 회개합니다.
분노하여도 죄를 짓지 말라 하셨는데 분노하고 죄를 지었습니다.
감정적으로 화가 날 수는 있지만, 그것을 다스리지 못했습니다.
내 안의 화가 밖으로 나오는 순간 죄가 된다는 것을 간과했습니다.
타인에게 혹은 동물에게 표출한 모든 폭력성을 회개합니다.

말로 욕을 하거나, 눈빛으로, 표정으로
누군가를 위협함을 회개합니다.
아이들에게 소리를 지르고
동물들에게 분노의 소리를 내었다면 용서하소서.
물건을 던지고 혹은 사람을 때렸다면 이 큰 죄를 용서하소서.
나의 강함을 약한 자를 억압하는 것에 썼다면
너무나 악한 것임을 고백합니다.
행동하지 않았다 하더라도,
생각이나 말로 하였어도 너무 큰 죄입니다.

> 여호와는 의인을 감찰하시고
> 악인과 폭력을 좋아하는 자를 마음에 미워하시도다
> (시 11:5).

어떤 경우에도 상대를 위축시키는 행동을 하지 않게 하소서.
기분이 상했다고 그것을 모두 밖으로 쏟아놓지 말게 하소서.
크고 작은 모든 감정을 기도함으로 다스리게 하소서.
가장 사랑하는 사람들에게 가장 빈번히 분노하였음을 회개합니다.
내 삶의 모든 폭력이 사라지게 하소서.

누군가에게는 평생의 상처가 될
모든 말과 표정과 태도와 행동을 버립니다.
주님은 한 번도 나에게 그렇게 대하신 적이 없습니다.
나를 받아주신 아버지를 기억하며,
나도 남을 받아주는 사랑의 그릇 되게 하소서.
나의 죄를 용서하시는 예수 그리스도의 이름으로 기도합니다.
아멘!

45

시간을 낭비하고 있습니다

하나님 아버지,
새날을 허락하시고 기회를 주심에 감사합니다.
매일 태양이 뜬다고, 매일 하루가 주어진다고
방만하였음을 회개합니다.
이 하루가 얼마나 소중한 하루인지 기억하게 하소서.
병들어 죽는 자들에게는, 사고로 죽는 자들에게는
간절한 하루입니다.
극한 상황에 가서야 깨닫는 어리석음을 버리게 하소서.

오늘 아무 사건 사고 없이
지루할 만큼 평범한 이 하루에 감사하게 하소서.
이 하루를 소중하게 여기고 주님의 사랑으로 하루를 살게 하소서.
누구를 만나든 따뜻한 위로를 건네게 하소서.
무엇을 하든 하나님 앞에 의미 있는 일이 되게 하소서.
쉼을 갖더라도 참된 안식을 누리는 시간이 되게 하소서.

> 여호와의 인자와 긍휼이 무궁하시므로 우리가 진멸되지 아니함이니이다
> 이것들이 아침마다 새로우니 주의 성실하심이 크시도소이다
> (애 3:22-23).

그저 게으름인 의미 없는 시간 낭비를 멈추게 하소서.
시간 낭비는 죄의 터전이 될 수 있음을 알게 하소서.
털고 일어나 나를 위해서 무언가를 하게 하소서.
보람이 다시 나의 삶을 회복시킬 것입니다.
아버지, 힘을 주소서.

모든 무기력에서 살려 일으키시는 주님의 능력을 믿습니다.
침대에서 털고 일어나게 하소서.
하나님이 만드신 아름다운 자연을 보며
내 삶에 생명력을 불어넣게 하소서.
나의 팔을 잡고 일으키시는 예수 그리스도의 이름으로 기도합니다.
아멘!

46

습관적으로 낙망했습니다

하나님 아버지,
주님은 나의 힘이시요 나의 요새시라고 고백하면서, 낙망했습니다.
시편의 모든 말씀은 그저 다윗의 고백일 뿐
나의 고백이 되지 않았습니다.
하나님의 능력이 세상 무엇보다 강하다 여기면서도 낙망했습니다.
하나님을 진실로 믿지 못한 연약함을 회개합니다.
진심을, 믿음을 갖지 못했습니다.

눈에 보이는 것이 너무 커 보여서 하나님을 보지 못했습니다.
영의 눈을 열어 주님을 바라보게 하소서.
닥친 문제가 너무 급해서 사람을 찾아다녔습니다.
세상의 전문가가 나를 도울 것이라고만 믿었습니다.
이 작은 눈을 용서하소서.

하나님을 바라보지 못하고
자꾸 낙망하는 이 습관을 버리게 하소서.

> 여호와는 나의 반석이시요 나의 요새시요
> 나를 건지시는 이시요 나의 하나님이시요
> (시 18:2).

잠깐의 기분만 일으킬 뿐
근본적인 신뢰를 회복하지 못했습니다.
나의 낙망의 습관을 버리게 하소서.
하나님께 나아가 내 삶을 주도하시는
하나님께 나를 맡기기 원합니다.
시편의 모든 고백이 나의 참된 고백이 되게 하소서.

하나님만을 찬양하며 살아가기 원합니다.
말씀을 가까이하며 확신에 거하게 하소서.
낙망이 습관이 되지 않도록 지켜주소서.
나를 지키시는 예수 그리스도의 이름으로 기도합니다.
아멘!

47

섬김이 없는 리더였습니다

하나님 아버지,
"생육하고 번성하여 다스리라" 하신 말씀을 기억합니다.
약한 것들을 돌보고 모두가 풍성한 삶을
살게 하라는 말씀인 줄 믿습니다.
그러나 내가 자리 잡고 힘을 가질 때
일방적인 공격성을 가짐을 회개합니다.
리더라는 이름으로, 경험이 많다는 이유로
상대를 무시한 적이 있음을 회개합니다.
내 방식만이 옳다고 주장했던 편향성을 용서하소서.

내가 가진 위치와 권한으로 나만을 위한 결정을 내렸음을 용서하소서.
다스림은 모두를 위한, 남을 위한 결정이어야 함을 잊었습니다.
함께 행복할 수 있는 삶을 고민하지 못했습니다.
다스림의 권세를 소유할 수 있다고 착각했음을 용서하소서.
부하 직원도, 자녀도, 내게 맡겨진 모든 것도 내 것이 아닙니다.

> 그 손에 힘이 있으므로 그것을 행하는 자는 화 있을진저
> 밭들을 탐하여 빼앗고 집들을 탐하여 차지하니
> (미 2:1-2).

부정적인 지배욕을 회개합니다.
섬김을 잃은 리더십은 공격이 되었음을 회개합니다.
높은 자리로 갈수록 겸손하게 하소서.
나이가 들수록 머리를 숙이게 하소서.
다스림의 대상이 되는 사람들의 의견을 경청하게 하소서.

그들의 수고를 무시하지 않겠습니다.
그들의 것을 어떤 방식으로든 빼앗지 않겠습니다.
함께 행복할 수 있는 리더가 되게 하소서.
나를 복되게 하시는 예수 그리스도의 이름으로 기도합니다.
아멘!

48

다른 사람에게 인색했습니다

하나님 아버지,
내가 먹고사는 일이 너무 빠듯해서 나누는 마음이 없었습니다.
사회에서 자리 잡고 일어서는 일이 제일 중요하다 여겼습니다.
무엇 하나라도 아끼고 모아서 자리 잡아야 했습니다.
그 어떤 재물도 하나님의 도우심이 아니면 불가능함에도
마치 내 것인 양 너무 인색했던 것을 회개합니다.

나누는 마음보다 아끼는 마음을 더 지혜롭게 여겼습니다.
그저 불편하지 않은 선에서 시늉만 하고 살았음을 용서하소서.
그리스도인으로서 마음은 따뜻한 척하며 살았습니다.
그러나 넉넉한 구석이 있어도 문을 열지 않았습니다.
지갑은 굳게 닫고 말로만 위로하며 살았습니다.

도움을 요청할 때 거짓 핑계를 대었음을 회개합니다.
걱정하는 척했지만, 귀찮았습니다.
나의 시간도, 노력도, 물질도, 배려도

> 흩어 구제하여도 더욱 부하게 되는 일이 있나니
> 과도히 아껴도 가난하게 될 뿐이니라
> (잠 11:24).

최대한 주지 않으려고 노력했습니다.
성공의 끝이 어디인지 모르면서
성공하면 그때 하겠다고 스스로 위로했습니다.
거짓되고 포장된 나의 인색함을 용서하소서.

인색함은 풍요의 하나님을 믿지 못함임을 깨닫습니다.
크신 하나님의 사랑이 나누는 나의 손을 도우실 것입니다.
돕는 손을 기뻐하시는 하나님을 신뢰하고 나누는 삶을 살겠습니다.
모든 것을 주신 예수 그리스도의 이름으로 기도합니다.
아멘!

49

남에게는 엄격하고
나에게는 관대했습니다

하나님 아버지,
언제나 긍휼로 우리를 사랑하시는 아버지를 사랑합니다.
하나님의 사랑은 모자람이 없음에도
마음에 풍요가 없음을 용서하소서.
나를 대하는 기준과 남을 대하는 기준이 달랐음을 회개합니다.

가족을 대할 때에도 필요 이상 엄격했습니다.
나는 괜찮고 너는 안 된다 했습니다.
나는 쉬지만 배우자는 쉬면 안 되고,
나는 휴대폰을 보지만 애들은 보면 안 된다 했습니다.
내 상황에는 관대하지만, 상대의 상황에는 늘 다그쳤습니다.
나만 고생하고 힘들다며
다른 사람들은 나만큼 힘들지 않다 단정 지었습니다.

남도 나처럼 볼 수 있는 너그러운 눈을 허락하소서.
얼마나 힘들지, 얼마나 고생스러울지,

> 그런즉 선 줄로 생각하는 자는
> 넘어질까 조심하라
> (고전 10:12).

얼마나 외로울지 살피게 하소서.
내 기준에 남을 맞추려는 의도를 버리기 원합니다.
아무리 어려도, 아무리 부족해도
그들만의 하나님이 인도하고 계심을 믿습니다.
나만 맞다는 교만을 버리게 하소서.
다른 사람에게 배우려는 마음을 허락하소서.
모든 일에 경청하며 배우고 실천하려는
겸손의 마음을 갖게 하소서.

하나님이 나를 관대히 보고 계시듯이
나도 남에게 그리하게 하소서.
엄격한 기준이 가장 먼저 나를 불행하게 만든다는 것을 알고
하나님의 일하심을 믿게 하소서.
주님께 기도함으로 내면의 자유를 누리게 하소서.
나의 주 예수 그리스도의 이름으로 기도합니다.
아멘!

50

기도의 응답을 믿지 않았습니다

하나님 아버지,
하나님께로부터 모든 것이 나옴을 믿습니다.
그러나 하나님께 구하지 않고 다른 것을 쫓아다녔음을 회개합니다.
가끔 기도했지만 기도의 응답을 믿지 않았습니다.
기도가 왜 중요한지도 잘 몰랐습니다.
하나님이 나의 기도를 들으시는지 생각하지 않았습니다.

하나님을 믿는다 말만 했지 실제로 믿음은 없었음을 회개합니다.
기도가 응답을 받아도 우연이겠지, 하며 무시했음을 용서하소서.
하나님은 우리의 일거수일투족을 다 아시는 분임을 깨닫게 하소서.
내 마음 가운데 언제나 반만 걸치고 있는
어정쩡한 믿음을 용서하소서.
하나님의 뜻보다 나의 뜻이 더 중요했음을 용서하소서.

하나님의 뜻을 구하는 기도가 아니라
나의 뜻을 구하는 기도였습니다.

> 내가 믿나이다
> 나의 믿음 없는 것을 도와 주소서
> (막 9:24).

내가 원하는 것을 주지 않으실까 봐
기도하지 않은 적도 있습니다.
믿음 없음과 생각의 가벼움을 용서하소서.
의심을 넘어 믿음으로 나아가게 하소서.
나보다 뛰어나신 하나님의 지혜를 의지하여 기도하게 하소서.

나보다 나를 더 사랑하시는 주님을 찬양합니다.
내가 기도하는 순간 기쁨으로 그 기도를 들으시는
주님께 감사합니다.
정직한 기도, 믿음의 기도를 올려드리게 하소서.
나를 위해 생명을 주신 예수 그리스도의 이름으로 기도합니다.
아멘!

03

화목하지 못했습니다

아무에게도 악을 악으로 갚지 말고
모든 사람 앞에서 선한 일을 도모하라
할 수 있거든 너희로서는
모든 사람과 더불어 화목하라
(롬 12:17-18).

51

미지근한 신앙에 머물러 있습니다

하나님 아버지,
아버지의 사랑이 얼마나 지극한 것인지요.
그 사랑을 알면서도 많은 순간 잊고 살았던 것을 회개합니다.
하나님을 하나님답게 여긴다면 할 수 없는 것이 미지근한 신앙입니다.
세상에 한 발, 교회에 한 발을 걸쳐놓으며 살았습니다.
하나님께 한 발, 나에게 한 발을 걸쳐놓고 살고 있습니다.

하나님 중심으로 생각하지 않고
늘 내 중심으로 생각함을 용서하소서.
하나님이 나를 왜 부르셨는지를 모르며 살고 있습니다.
내 인생이 어떻게 해야 잘 사는 것인지도 모르고 살고 있습니다.
이 어리석음을 용서하소서.
하나님이 나를 부르신 부르심을 먼저 깨닫게 하소서.

하나님 앞에 뜨겁지도, 차지도 않은
이 어정쩡한 자리를 박차고 나오게 하소서.

> 네가 이같이 미지근하여 뜨겁지도 아니하고
> 차지도 아니하니 내 입에서 너를 토하여 버리리라
> (계 3:16).

하나님 안에 나를 향한 가장 좋은 계획이 있습니다.
주님 안에 내 삶의 안전이 있습니다.
하나님과 가장 뜨겁게 사랑하는 것이 인생의 참 기쁨입니다.
이런 것을 알고 행하는 지혜의 자리에 가고 싶습니다.

기도하며 눈물 흘리던 시절을 다시 허락하소서.
예배드리며 떨고 감동했던 때를 회복하게 하소서.
하나님이 너무 좋아 콧노래를 부르던 날을 주소서.
나의 기쁨이 되시는 예수 그리스도의 이름으로 기도합니다.
아멘!

52

하나님이 없는 것처럼 살았습니다

하나님 아버지,
인생에 고난이 찾아올 때 마치 하나님이 없는 것처럼
낙심함을 회개합니다.
아무리 기도해도 하나님의 응답이 없는 것 같습니다.
무엇을 해도 어떤 길이 답인지 모르겠습니다.
내 딴에는 기다린다고 기다린 건데 더 기다리지 못하겠습니다.
그래서 하나님은 나에게 응답하시지 않는 분이라 여겼습니다.

나의 이 어리석음을 용서하소서.
하나님이 안 계신 것이 아니라 내가 느끼지 못하는 것일 뿐입니다.
하나님의 방식으로 생각하고 기도하지 못하여 그리되었습니다.
내 말만 하지 말고 하나님의 말씀을 듣게 하소서.
내가 원하는 것만 바라지 말고 하나님의 바람을 생각하게 하소서.

하나님은 나에게 무엇을 원하실까,
하나님은 내가 어떤 기도를 하길 원하실까,

> 내 영혼아 네가 어찌하여 낙심하며 어찌하여 내 속에서 불안해 하는가
> 너는 하나님께 소망을 두라 그가 나타나 도우심으로 말미암아
> 내 하나님을 여전히 찬송하리로다(시 43:5).

하나님은 지금 내가 어떤 마음을 갖길 원하실까를 묻게 하소서.
말씀 앞에 나를 비춰보게 하소서.
하나님의 말씀과 뜻을 갈구하게 하소서.

하나님의 뜻에서 벗어나 있다면 돌이키기 원합니다.
나의 모든 관심사를 내려놓고 주님의 마음에 집중하게 하소서.
그렇게 기도할 때에 주님, 은혜를 허락하소서.
나의 모든 길이 되시는 예수 그리스도의 이름으로 기도합니다.
아멘!

53

가족을 막 대했습니다

하나님 아버지,
소중한 가족을 허락해 주심을 감사드립니다.
가족 때문에 행복할 때도 있지만,
그렇지 못할 때가 많이 있음을 고백합니다.
나만 애쓰는 것 같고, 다른 사람들은 다 나 몰라라 하는 것 같습니다.
그러다 소리치게 되고, 화내게 되는 죄를 범함을 용서하소서.
결국 나 혼자 종종거리다가 답답한 마음에 분노하게 됨을 용서하소서.

먼저 가족을 내 마음대로 판단하는 교만을 회개합니다.
나만 생각이 있는 게 아니라,
모두 나름의 생각이 있음을 무시했습니다.
내 생각과 판단만이 옳다 주장했던 것을 회개합니다.
자녀는 자녀대로, 부모는 부모대로
나름의 사정이 있음을 돌아보게 하소서.
나는 누구도 그 속마음을 알 수 없는 약한 자임을 인정하게 하소서.

> 새 계명을 너희에게 주노니 서로 사랑하라
> 내가 너희를 사랑한 것 같이 너희도 서로 사랑하라
> (요 13:34).

소리쳤다면, 협박했다면, 무시했다면, 홀대했다면
용서를 구하게 하소서.
가장 오래 함께 살고, 가장 깊이 사랑해야 하는 가족입니다.
이 세상 누구보다 나를 가장 사랑할 수 있는 소중한 사람들입니다.
입술의 죄악을 하나님 앞에 회개하고 가족에게 사과하게 하소서.
편애와 무시가 우리 가정에 있다면 모두 쫓아내게 하소서.

기도로 섬기는 사람이 되겠습니다.
가정을 상처 없이 세우기 위해 평화의 도구가 되겠습니다.
누구도 무시하지 않고, 건강하게 살아있음에 감사하며
사랑하겠습니다.
나에게 가족을 허락하신 예수 그리스도의 이름으로 기도합니다.
아멘!

54

다른 사람의 호의를 잊고 살았습니다

하나님 아버지,
인생을 살면서 참 많은 사람들에게 도움을 받고 살았습니다.
위기 때마다 돕는 손길들이 얼마나 많았는지요.
너무 많은 사랑과 호의를 그저 지나치며 살았음을 회개합니다.
급할 때는 평생 고마워할 것처럼 부탁했지만 지나고는 다 잊었습니다.
지나간 도움의 손길들을 기억하며 감사하게 하소서.

경제적인 도움을 주었던 사람들도 있습니다.
외로울 때 친구가 되어줬던 사람들도 있습니다.
정보가 없을 때 순순히 많은 정보를 나눠줬던 사람들이 있습니다.
위기에서 절대적인 도움을 줬던 사람들도 있습니다.
하나님의 손길이 되어준 모든 사람으로 인해 감사를 드립니다.

그들에게 감사의 마음을 전하게 하소서.
급할 때만 이용하는 습관을 버리고
늘 감사의 마음을 지니게 하소서.

> 이같이 너희 빛이 사람 앞에 비치게 하여
> 그들로 너희 착한 행실을 보고 하늘에 계신 너희 아버지께
> 영광을 돌리게 하라(마 5:16).

내가 도울 능력이 된다면
그들의 어려움을 외면하지 말게 하소서.
하나님의 도움이라 여겼더라도
그 통로가 되어줬던 사람들을 기억하게 하소서.
인간으로서의 최소한의 의리를 지키는
덕이 있는 사람 되게 하소서.

일평생 예수님의 생명을 받은 자녀로 감사하며 살겠습니다.
하나님이 선물로 주신 많은 도움의 손길에 감사하겠습니다.
하나님의 선의의 통로가 되어준 사람들을 찾아가 감사하겠습니다.
언제나 나를 도우시는 예수 그리스도의 이름으로 기도합니다.
아멘!

55

말씀을 등한시했습니다

하나님 아버지,
모든 말씀은 우리를 생명으로 인도하는 것을 믿습니다.
하나님의 뜻이 그 말씀 안에 담겨있음에도 등한시한 것을 회개합니다.
하나님의 뜻을 알려달라 기도하면서
정작 성경 말씀을 읽지 않았습니다.
가장 선명한 하나님의 뜻이 담긴
성경을 귀찮아했음을 용서하소서.
여기저기 설교를 듣는 것이 다인 것처럼 여겼습니다.

내가 만나는 말씀으로 다시 서게 하소서.
하나님의 음성을 듣는 마음으로 성경을 펴게 하소서.
하나님을 더 알기 원한다면 설교보다 먼저 성경을 보게 하소서.
하나님이 왜 나를 부르셨는지,
나를 얼마나 사랑하시는지 깨닫게 하소서.
몇 달이 지나도 성경 한 번을 펴지 않았던 게으름을 용서하소서.

> 하나님의 말씀은 살아 있고 활력이 있어 좌우에 날선 어떤 검보다도 예리하여
> 혼과 영과 및 관절과 골수를 찔러 쪼개기까지 하며
> 또 마음의 생각과 뜻을 판단하나니(히 4:12).

하나님의 말씀은 우리를 영생으로 인도함을 믿습니다.
나의 믿음이 약해질 때 더욱 말씀에 매달리게 하소서.
내가 낙망될 때에 말씀을 통해 일어나게 하소서.
하나님의 살아계심이 의심이 들 때에
말씀을 읽고 회복하게 하소서.
말씀 안에 일하시는 하나님이
오늘 나에게도 일하심을 믿게 하소서.

단순한 책이 아니라, 글이 아니라,
생명이자 하나님이 일하시는 역사임을 경험하기 원합니다.
하나님의 말씀을 더욱 사랑하겠습니다.
그 말씀을 통해 하나님을 만나고 느끼고 사랑하겠습니다.
나의 모든 것이 되시는 예수 그리스도의 이름으로 기도합니다.
아멘!

56

피해 의식이 너무 많습니다

하나님 아버지,
하루하루를 살면서 괜히 나만 잘 안 풀리는 것 같은 마음이 듭니다.
나는 작은 것 하나도 제대로 누리지 못하는 것 같아 화가 나곤 합니다.
나만 힘들고, 다른 사람들은 다 잘되는 것 같은
비교 의식을 회개합니다.
남들은 무엇을 해도 나보다 나은 것 같은 마음을 떨쳐버리게 하소서.
세상에 보이는 것들이 다 사실은 아니라는 것을 알게 하소서.

마음으로 상황을 탓하고, 사람을 탓했던 죄를 용서하소서.
심지어 하나님까지 탓하며 내 삶을 원망했던 것을 회개합니다.
하나님이 베푸신 은혜보다 내 코 앞의 아픔만을 생각했습니다.
나만 이해받지 못한다는 피해 의식을 떨쳐내게 하소서.
나만 고난받는다는 과장을 버리게 하소서.

자기연민에 빠져있음은 하나님을 부인하는 것과 같습니다.
하나님이 살아계심을 지금 믿게 하소서.

> 여호와께서 이르시되
> 네가 성내는 것이 옳으냐 하시니라
> (욘 4:4).

이 세상 모든 고통받는 자들을 위해 기도하게 하소서.
나만 바라보는 눈을 들어 사람들을 바라보게 하소서.
내가 얼마나 많은 것을 누리고 살고 있는지 발견하게 하소서.

비관적인 생각에 빠졌던 모든 죄를 용서하여 주소서.
그리고 주님을 바라봄으로 새로운 시작을 하겠습니다.
하나님이 나를 도우시니 내가 두려울 것이 없습니다.
나의 능력이 되어주시는 예수 그리스도의 이름으로 기도합니다.
아멘!

57

어린아이를 소중히 여기지 못했습니다

하나님 아버지,
작은 자를 소중히 여기시는 아버지께 감사합니다.
하나님 앞에 나는 먼지처럼 작은 자임에도
늘 귀히 여겨주시니 감사합니다.
내가 그리 대접받은 것처럼
나도 모든 작은 자들을 귀히 여기게 하소서.
어린아이들을 무시하고 함부로 대한 적이 있음을 회개합니다.
그들도 하나님 앞에 존중받아 마땅한 귀한 존재임을 잊었습니다.

아직 미성숙하다는 이유로 그들의 마음과 의견을 무시했습니다.
무조건 어른의 말을 따라야 한다고 당연히 생각했습니다.
얼마나 권위적이고 얼마나 교만했는지요.
나의 어리석은 판단과 고집스러움을 회개합니다.
아이들과는 대화하려 하지 않고 그들에게 명령하려 했음을
용서하소서.

> 누구든지 나를 믿는 이 작은 자 중 하나를 실족하게 하면
> 차라리 연자 맷돌이 그 목에 달려서
> 깊은 바다에 빠뜨려지는 것이 나으니라(마 18:6).

그들을 통해 하시는 하나님의 말씀을 듣지 못했습니다.
하나님이 나를 대하실 때
온전히 사랑으로 하심을 기억하게 하소서.
나의 자녀이든 남의 자녀이든 모든 아이들이
우리의 미래임을 깨닫게 하소서.
나의 언어와 표정과 단정적인 마음과
권위적인 모든 태도를 돌이키기 원합니다.
그들에게 우리의 미래가 달려있음을 알고 귀히 여기게 하소서.

아무리 작은 자라도 따스한 마음으로 대화하게 하소서.
나의 판단이 무조건 옳다는 생각을 버리겠습니다.
아무리 어려도 그 존재의 존엄성을 잊지 않겠습니다.
나를 돌보시는 예수 그리스도의 이름으로 기도합니다.
아멘!

58

자주 사람을 미워했습니다

하나님 아버지,
마땅히 미움받을 만한 사람도 사랑하시는 아버지, 감사합니다.
하나님의 사랑은 언제나 너무 크고 놀랍습니다.
그 큰 사랑을 받았음에도
나는 자주 사람을 미워하였음을 회개합니다.
미운 마음이 들 때에 그것을 막아서지 않았습니다.
감정에 나의 의지를 맡겨버린 죄를 용서하소서.

미움을 멈추려고 노력하지 않음을 용서하소서.
언제나 단점을 보려고 했고, 장점을 외면했습니다.
내가 미워할 만한 정당성이 있다고 스스로 위로했습니다.
미움을 품고 어떻게 기도가 되겠습니까.
미움을 품고 어떻게 하나님을 사랑하겠습니까.

미움이 깊어져 하나님과 멀어질까 두렵습니다.
미운 만큼 내 마음의 중심에서 떠나보내게 하소서.

> 미움은 다툼을 일으켜도
> 사랑은 모든 허물을 가리느니라
> (잠 10:12).

과거의 나의 상황만을 되뇌이는 것이 아니라
상대방의 상황을 돌아볼 수 있는 마음을 주소서.
그럴 수밖에 없었던 사정이 있을 것이라
너그러이 이해하게 하소서.

나의 인생에 정말 중요한 것이 무엇인지 돌아보기 원합니다.
미움을 품고 사는 인생이 아니라,
사랑을 품고 사는 삶 되게 하소서.
소중한 오늘 하루를 미움으로 낭비하지 말고
기쁨으로 승리하게 하소서.
나의 모든 죄를 용서하시는 예수 그리스도의 이름으로 기도합니다.
아멘!

59

내 영혼을 돌보지 못했습니다

하나님 아버지,
아버지를 사랑하는 것이 제 인생에서 가장 중요한 일임을 고백합니다.
사는 것이 바빠 급한 일로 매일을 가득 채웠음을 회개합니다.
분주함과 게으름을 왔다 갔다 하며 일상을 살았습니다.
일을 온전히 마무리한 것도 아니고 시간을 잘 쓴 것도 아닙니다.
정리되지 않은 나의 일상을 용서하소서.

하나님이 주신 시간을 낭비하였음을 용서하소서.
그 시간들 중에 중요한 일, 내가 가장 먼저 해야 할 일을 놓쳤습니다.
하나님을 만나고, 아버지의 말씀을 묵상하는 시간을 놓쳤습니다.
기도하지 않고 하나님의 뜻을 알고 싶어 했습니다.
말씀을 읽고 예배를 드리지 않고 하나님이 멀리 계시다 투정했습니다.

언제나 하나님은 나와 함께하시는데
내가 아버지와 함께하지 않았습니다.
용서하소서.

> 부지런하여 게으르지 말고
> 열심을 품고 주를 섬기라
> (롬 12:11).

나의 영혼이 오랜 시간 피폐해졌음을 깨닫지도 못했습니다.
다시 하나님과의 풍요로운 만남을 회복하게 하소서.
나의 영적인 게으름과 나태함을 용서하소서.

나의 영혼이 불안해할 때 영혼이 목마른 것임을 깨닫습니다.
나의 모든 일상 중 하나님을 향한
기도와 말씀이 우선이 되게 하소서.
새롭게 기대하는 마음으로 주님 앞에 나아갑니다.
나의 모든 것이 되시는 예수 그리스도의 이름으로 기도합니다.
아멘!

부모님을 무시했습니다

하나님 아버지,
부모님을 통해 이 세상으로 부르신 하나님의 섭리에 감사드립니다.
내가 원하는 것을 다 해주지 않는다는 것 때문에
부모님에게 섭섭한 마음을 가졌습니다.
내가 원하는 수준의 부모님이 아니라는 것 때문에 불만을 가졌습니다.
나는 부모님의 수준의 자식이 아니면서
요구만 했음을 용서하소서.
나는 부모님이 원하시는 것을 다 해드리지 않으면서
불만만 쏟았습니다.

언제나 이기적인 시선으로 부모님을 탓했던 죄를 회개합니다.
자녀의 시선으로는 도무지 이해할 수 없는
부모님의 어려움들을 외면했습니다.
모두가 연약한 존재라는 사실을 모르는 것처럼 불평했습니다.
부모님이 나이 들어 판단력이 떨어진다며 무시했음을 용서하소서.
부모님이 연약하여 무능해진 것을 한심하게 여겼음을 용서하소서.

> 네 부모를 공경하라
> 그리하면 네 하나님 여호와가 네게 준 땅에서
> 네 생명이 길리라(출 20:12).

나도 나이가 들어 그 자리에 앉을 수 있음을
날마다 기억하게 하소서.
내가 원한 것들이 나에게 모두 유익한 것이 아니었음을,
나를 이 땅에 존재하게 한 것만으로도
부모님에게 감사해야 함을 알게 하소서.
보고 싶어도 볼 수 없는 때, 만날 수 없는 때가
속히 온다는 것을 기억하게 하소서.
그 존재만으로 감사하고 기뻐할 수 있기를 소망합니다.

받은 것이 많아서가 아니라 부모님이어서 공경하게 하소서.
남은 짧은 시간을 아껴 사랑을 나누게 하시고
그것이 내 자녀에게도 보이게 하소서.
내 안에 부모님의 모습이 담겨있음을 알고 감사하게 하소서.
나의 참 부모가 되시는 예수 그리스도의 이름으로 기도합니다.
아멘!

61

꼰대라며 색안경을 꼈습니다

하나님 아버지,
세대가 세대를 이어가는 은혜에 감사합니다.
어린 시절에는 부모님의 말씀이 무조건 잔소리로 들렸습니다.
노인의 조언은 지금도 시대착오로 느껴짐을 회개합니다.
강한 선입견으로 어떤 말이든 귀를 닫아버렸음을 용서하소서.

그들의 느림에 짜증을 내고,
존중하기보다 효율을 앞세웠습니다.
나의 어린 시절 그들은 효율로 나를 대하지 않았음에도,
어릴 적 나를 돌봐주던 어른들의
손길과 인내를 다 잊어버렸습니다.
바쁘다는 핑계를 달고 살면서 잘난 척했음을 용서하소서.
부모를 사랑이 아니라 관리의 대상으로 여겼음을 용서하소서.
그분들은 나를 키울 때 관리가 아니라
사랑을 했음을 기억하게 하소서.

> 자녀들아 주 안에서
> 너희 부모에게 순종하라 이것이 옳으니라
> (엡 6:1).

부모님을 대할 때 효율보다 온기와 인내로,
사랑으로 대하게 하소서.
내가 못했던 것을 대신 해주었던 것처럼,
나도 부모님의 필요를 채우게 하소서.
얼마나 많은 시간 인내했을지를 기억하고
한없는 감사의 마음으로 모시게 하소서.
사랑이 되시는 예수 그리스도의 이름으로 기도합니다.
아멘!

62

기도를 도구로 삼았습니다

하나님 아버지,
날마다 하나님을 만나고 함께하길 소망한다 하면서도
기도를 멈추었습니다.
식기도는 사소하다며 하지 않았고, 정식 기도는 귀찮아 잊었습니다.
예배 때 드리는 기도는 딴 생각에 빠졌고, 피곤하다며 늘 미뤘습니다.
기도가 삶에서 빠져버림을 용서하소서.
기도의 기쁨을 잃어버림을 용서하소서.

내가 급할 때만 기도했습니다.
청구서를 내밀듯 하나님께 요구할 것이 있을 때만,
필요할 때만 찾았습니다.
기도가 대화가 아니라 응답의 도구가 되었음을 회개합니다.
기도로 내 삶을 하나님과 나누지 않고
문제 해결 방식으로만 여겼습니다.
그런 기도조차 들으시는 하나님께 감사를 드립니다.

쉬지 말고 기도하라
(살전 5:17).

아버지, 기도의 자리가 다시 회복되게 하소서.
하나님을 만나는 기쁨을 다시 느낄 수 있게 도와주소서.
삶이 기도가 되고, 모든 숨결마다 주님을 부르기 원합니다.
일이 생겨서 기도하는 것이 아니라 늘 주님과 동행하기 원합니다.
아무 일 없을 때에도 항상 주님을 기억하고 기도하게 하소서.

나의 호흡이 되시는 주님을 바라봅니다.
날마다 하늘을 바라보는 마음으로 대화하게 하소서.
내 삶의 모든 희로애락을 주님과 나누게 하소서.
나의 모든 것이 되시는 예수 그리스도의 이름으로 기도합니다.
아멘!

63

내 능력으로 착각하며
교만했습니다

하나님 아버지,
모든 것이 주님께로부터 옴을 믿습니다.
내가 살아갈 힘을 가진 것도,
돈을 벌 능력이 있는 것도 모두 아버지께서 주신 것입니다.
공부할 지성도, 친구를 사귈 성품도,
오늘을 살 건강도 주님께로부터 왔습니다.
그럼에도 불구하고 나의 능력인 것처럼 착각한 것을 용서하소서.
나의 교만함을 회개합니다.

남들보다 조금 잘했을 때 우쭐했던 것을 용서하소서.
'왜 저렇게 못하지?', '왜 이렇게 게으르지?'라며
판단했던 것을 용서하소서.
우리의 행함도, 우리의 성실함도
주님이 주지 않으시면 불가능한 것입니다.
만약에 지혜가 있다면 하나님이 주신 것임을 고백합니다.
만약에 재능이 있다면 재능을 주신 하나님께 감사하겠습니다.

> 온갖 좋은 은사와 온전한 선물이 다 위로부터
> 빛들의 아버지께로부터 내려오나니
> 그는 변함도 없으시고 회전하는 그림자도 없으시니라(약 1:17).

나는 아무것도 아니라고 비관하는 것이 아니라
모든 것이 은혜임을 알게 하소서.
아버지께서 주신 모든 것으로 내가 존재하니
내가 소중한 존재임을 알게 하소서.
주신 것을 잘 보존하여 일평생 감사하며 겸손하게 하소서.
마치 내 것인 것처럼 어깨가 올라가는 일이 없게 하소서.
지난 모든 자랑들과 거만함을 회개합니다.

내게 주신 모든 것을 찾아 감사하겠습니다.
모든 것이 은혜임을 고백하며,
주신 것을 더불어 나누겠습니다.
나의 전부이신 예수 그리스도의 이름으로 기도합니다.
아멘!

64

불화에 동조했습니다

하나님 아버지,
사람들과의 관계에서 화목의 도구가 되지 못함을 회개합니다.
때로 다툼이 있고 불화가 있을 때 그것을 중재하지 못했습니다.
오히려 많은 부분 다툼의 당사자가 되었던 것을 회개합니다.
언제나 억울하다 생각하고 양보하지 않음을 용서하소서.
마음에 스며드는 불쾌감을 다스리지 못함을 용서하소서.

부정적인 생각에서 벗어나게 하소서.
사람을 이해할 때 좋은 쪽으로 생각하지 못했습니다.
안 좋은 쪽으로 해석하며 섭섭한 마음을 가졌습니다.
실제인지 아닌지도 모를 상상을 사실처럼 여김을 회개합니다.
부정적인 마음을 쫓아내지 못하고 마음의 문을 닫았음을 용서하소서.

나의 불화만이 아니라 다른 사람들의 불화에
동조했음을 용서하소서.
험담에 맞장구치며 동의하느라 불화를 조장했음을 용서하소서.

> 할 수 있거든
> 너희로서는 모든 사람과 더불어 화목하라
> (롬 12:18).

이 세상 어떤 불화에도 평화의 도구가 되게 하소서.
하나님이 나를 그렇게 용납하셨듯이 사랑으로 용납하게 하소서.
모든 사람을 사랑으로 보는 법을 알리는 자 되게 하소서.

내가 가는 곳에는 평화가 있기를 원합니다.
내가 함께하는 곳에는 화목하는 사람들로 가득 차기를 원합니다.
그로 인해 하나님의 사랑이 흘러 나가는 도구 되게 하소서.
나의 화목 제물이 되신 예수 그리스도의 이름으로 기도합니다.
아멘!

65

나를 아무렇게나 대했습니다

하나님 아버지,
하나님이 만드신 모든 만물의 아름다움을 찬양합니다.
나도 하나님이 만드신 작품임을 고백합니다.
세상에서 사람들과 비교하다 보니 내가 초라하게 느껴집니다.
제대로 하는 것도 없고, 이뤄놓은 것도 없는 것 같습니다.
그래서 날마다 나를 못마땅하게 여김을 회개합니다.

하나님이 만드신 만물 중에 나를 으뜸으로 지으셨음을 믿습니다.
이제 나의 모습이 어떠하든 감사하고 기뻐하게 하소서.
나를 막 다루지 말게 하소서.
나의 몸도, 마음도 하나님이 주신 것을 믿고
스스로를 보호하게 하소서.
나는 아무렇게 해도 된다 여겼던 것을 용서하소서.

나의 건강을 지키는 것도 하나님의 것을 소중히 여기는 것입니다.
나의 마음을 지키는 것은 하나님이 기뻐하시는 일입니다.

> 주께서 내 내장을 지으시며 나의 모태에서 나를 만드셨나이다
> 내가 주께 감사하옴은 나를 지으심이 심히 기묘하심이라
> (시 139:13-14).

겸손을 가장한 자기 폄하에서 빠져나오게 하소서.
다른 사람을 위한다는 명분으로 나를 홀대하는 일이 없게 하소서.
나를 사랑하는 사람이 이웃도 사랑할 수 있습니다.

나를 홀대했던 모든 시간을 회개합니다.
나의 모든 삶이 하나님의 것임을 고백하고 소중히 여기겠습니다.
하나님이 나를 사랑하셨듯이 나도 나를 사랑하겠습니다.
나의 사랑이 되시는 예수 그리스도의 이름으로 기도합니다.
아멘!

생명을 소중히 여기지 않았습니다

하나님 아버지,
힘든 일을 겪을 때에 죽고 싶다는 생각을 했습니다.
하나님이 감당할 수 있는 힘을 주실 테지만 견디기 힘들었습니다.
고통을 멈추는 방법이 죽는 것이라 생각했습니다.
참새 한 마리의 죽음도 다 기억하시는 하나님 앞에
가장 소중히 여기시는 나를 스스로 포기하려 했음을 용서하소서.

생명의 위대함을 무시했음을 용서하소서.
하나님이 만드신 세상에 있는 모든 생명을 귀히 여기게 하소서.
말 못하는 동물들을 무시하고 함부로 생각함을 용서하소서.
내가 인간이니 아무렇게나 해도 된다 여겼던 마음을 용서하소서.
모든 생물에게 감사하고 그것들을 소중히 여기겠습니다.

나의 생명도, 동물의 생명도, 이 모든 자연의 생명도 다 소중합니다.
살아있는 모든 것에 경의를 표합니다.
하나님의 손길이 닿은 것임을 알고 사랑의 마음을 갖게 하소서.

> 하나님이 지으신 그 모든 것을 보시니
> 보시기에 심히 좋았더라
> (창 1:31).

사람을 의지하며 사는 반려동물들을 책임으로 돌보게 하소서.
그들도 태어나 한 번 사는 삶을 끝까지 잘 돌보아주게 하소서.

생명을 바라보는 새로운 눈을 허락하소서.
하나하나를 살펴보며
하나님의 손길을 느끼고 감탄하기 원합니다.
그들을 다시 사랑하게 하시고 책임으로 돌보게 하소서.
나의 주 예수 그리스도의 이름으로 기도합니다.
아멘!

67

사람들을 편 가르고 소외시켰습니다

하나님 아버지,
함께 더불어 살아가라고
많은 사람들을 곁에 두신 것에 감사드립니다.
나 혼자 살아갈 수 없어서
다른 사람들의 도움으로 이제까지 살아왔습니다.
그럼에도 마음에 들지 않는다는 이유로
의도적으로 사람을 소외시킴을 회개합니다.
학교에만 왕따가 있는 것이 아니라, 직장에도, 가정에도 있었습니다.
친구 간에도, 이웃 간에도 악한 마음으로 외면한 것을 용서하소서.

왕따당하는 사람의 마음을 전혀 헤아리지 않았습니다.
나도 그리 될 수 있다는 생각을 하지 못하고 작은 일이라 여겼습니다.
어느 모양이든 사람을 가르고 무시하고 괴롭히는 일을 멈추게 하소서.
하나님의 자녀라 이름하며 조롱하고 험담하는 죄를 벗어나게 하소서.
알고 지었던 죄, 모르고 지었던 죄들까지 모두 회개합니다.

> 즐거워하는 자들과 함께 즐거워하고
> 우는 자들과 함께 울라
> (롬 12:15).

일부러 더 즐거운 척, 전혀 모르고 있는 척
거짓 행했던 것을 회개합니다.
하나님의 자녀로서 지어서는 안 되는 죄를 지은 것을 용서하소서.
시기와 질투, 무시와 험담, 조롱과 외면의 죄를 용서하소서.
세상 사람들과 전혀 다르지 않았던 태도를 용서하여 주소서.
소외된 자들을 돌보고 함께하고 위로하는 자리로 가게 하소서.

왕따당하는 자들을 위해 세상에 오신 예수님을 본받기 원합니다.
조롱의 대상이 되었던 자들의 하나님이 되신 그 길을 닮게 하소서.
내가 아는 자들 중에 가장 외로운 자를 찾아 나서는
삶으로 바뀌게 하소서.
나의 친구가 되시는 예수 그리스도의 이름으로 기도합니다.

아멘!

68

중독성 게임에 의존했습니다

하나님 아버지,
날마다 나를 위로하시는 아버지의 사랑에 감사드립니다.
하나님을 가까이하지 못하다 보니
아버지의 사랑을 잘 느끼지 못했습니다.
그래서 지친 마음을 달래려 화면으로 도망쳤음을 회개합니다.
현실을 피하고 싶었고, 무료한 시간을 때우고 싶었습니다.
마음이 허전해서 게임과 영상으로 시간을 흘려보냈습니다.

외로워서, 쉬고 싶어서, 스트레스가 쌓여서라며 핑계 삼았습니다.
그런데 이제 습관이 되어 손에서 놓지 못하게 됨을 용서하소서.
너무 많은 시간을 낭비하고 있습니다.
더 의미 있는 일을 할 수 있는데 그리하지 못하고 있습니다.
아니 반드시 해야 할 일들조차 하지 않고 있습니다.

작은 일로 시작했는데 삶의 큰 구멍을 만드는
죄가 됨을 용서하소서.

> 세월을 아끼라
> 때가 악하니라
> (엡 5:16).

삶의 주도권을 내가 아니라 게임이 쥐게 됨을 용서하소서.
게임으로 인해 사람을 잃고,
시간을 잃고, 목표를 잃게 되었습니다.
어느 때까지 이 귀한 시간을 낭비하겠습니까.
진정 돌이키기 원합니다.

하나님이 기뻐하시는, 나를 필요로 하는 사람들에게
이 시간을 쓰게 하소서.
화면보다 하나님을 바라보게 하소서.
중독에서 벗어나 현실의 기쁨으로 사는 삶으로
이 시간 돌아오게 하소서.
나를 자유케 하시는 예수 그리스도의 이름으로 기도합니다.
아멘!

69

하나님이 주신 자연환경에 둔감했습니다

하나님 아버지,
하나님이 주신 모든 자연으로 인해 감사합니다.
자연을 마음껏 사용하면서도 그들의 고통에 무감각했습니다.
나의 편함에 치중하느라 자연을 함부로 대했습니다.
쓰레기에 둔감했고, 쓰지 않아도 되는 것들을 소비했습니다.
지구를 존중하지 않았음을 회개합니다.

하나님이 맡기신 선물을 막 다루었습니다.
인간의 손이 닿기만 하면 모든 것이 망가져버렸습니다.
인간을 이롭게 하는 일이 자연을 해롭게 하는 일이 되었습니다.
이 이기심을 용서하소서.
하루에도 몇 번씩 나의 손으로 쓰레기를 만들었음을 회개합니다.

나의 편함을 위한 선택이
결국 자연을 망치는 결과를 가져왔습니다.
이 선물을 잘 지키지 못함을 용서하소서.

> 여호와 하나님이 그 사람을 이끌어
> 에덴 동산에 두어 그것을 경작하며 지키게 하시고
> (창 2:15).

나의 자녀들이 누려야 할 선물을
나의 세대에서 다 소진해 버렸습니다.
자연을 사랑하지 못함을 용서하소서.
나도 자연의 일부임을 잊고 그들을 이용만 했음을 용서하소서.

미래 세대의 땅을 보존하게 하소서.
하나님의 선물임을 날마다 깨닫게 하소서.
지키는 자인 청지기의 직분을 잘 감당하겠습니다.
모든 풍요를 허락하신 예수 그리스도의 이름으로 기도합니다.
아멘!

70

어려운 사람을 모른 척했습니다

하나님 아버지,
살아갈 힘을 주신 아버지께 감사를 드립니다.
오늘 내가 살아감도 주님의 은혜입니다.
이 은혜를 나만 누리고 살았음을 회개합니다.
나에게 주신 것들을 함께 나누기보다 쌓고 또 쌓으려 했습니다.
나의 저축은 늘 모자랐고, 목표는 늘 높았음을 회개합니다.

성실을 넘어서 인색했음을 용서하소서.
어려운 사람들을 애써 모른 척하고 지나쳤음을 회개합니다.
나도 어려운 때에 도움의 손길들 덕분에 잘 지나왔음에도
남의 어려움을 모른 척했음을 용서하소서.
아주 작은 일에도 무관심했습니다.

외면당한 사람에게 따뜻한 말 한마디도 하지 못했음을 용서하소서.
무거운 짐을 진 사람에게 잠깐의 힘도 보태지 못함을 용서하소서.
아파 누운 사람에게 문병 한 번을 가지 못함을 용서하소서.

> 너희가 짐을 서로 지라
> 그리하여 그리스도의 법을 성취하라
> (갈 6:2).

우울한 사람에게 시간 한 번 내지 않음을 용서하소서.
배고픈 사람에게 밥 한 끼 사지 않은 것을 용서하소서.

여러 이유를 댔지만 핑계였음을 주님은 아십니다.
이제 스스로에게 정직해지게 하소서.
핑계를 이기고 행동하는 하나님의 자녀가 되겠습니다.
어려운 자들의 편에 서시는 예수 그리스도의 이름으로 기도합니다.
아멘!

71

헌금을 회피했습니다

하나님 아버지,
나의 가진 것이 모두 하나님께로부터 왔다고 고백합니다.
그러나 행함은 없고 말뿐이었음을 회개합니다.
진정 하나님이 주신 것이라 믿었다면 넘치는 감사로 살았을 것입니다.
그러나 늘 부족했고, 때로 원망했음을 용서하소서.
하나님이 생명 주시고, 살게 하시고, 누리게 하셨음을
인정하고 고백합니다.

헌금을 강조하는 몇몇 교회들을 핑계로
헌금을 멀리했음을 용서하소서.
마치 헌금에 무관심한 것이 세련된 신앙인 양 여겼습니다.
나는 돈에 연연하지 않는 것처럼 행했으나
가장 돈에 연연했음을 용서하소서.
하나님께로부터 온 것을 인정하지 않았음을 회개합니다.
모든 것이 주님의 것임을 인정하고 돌이키게 하소서.

> 사람이 어찌 하나님의 것을 도둑질하겠느냐
> 그러나 너희는 나의 것을 도둑질하고도 말하기를 우리가 어떻게 주의 것을
> 도둑질하였나이까 하는도다 이는 곧 십일조와 봉헌물이라(말 3:8).

교회가 그 핑계라면 직접 가난한 자들을 찾았어야 합니다.
목사를 믿지 못하겠다면 선한 일에라도 썼어야 합니다.
하나님이 기뻐하시는 재정의 감사를 약한 자들과 나눴어야 합니다.
정의로움은 핑계였음을 회개합니다.
하나님 앞에서 세련됨보다 순수함을 가지게 하소서.

우리가 하늘에 쌓을 재물은
고난당한 자의 삶 속에 베풀어져야 합니다.
하나님의 늘어난 손이 되어 주님을 기쁘시게 하기 원합니다.
나의 모든 것이 주님의 것임을 인정하고 진심으로 고백합니다.
나의 최우선이 되시는 예수 그리스도의 이름으로 기도합니다.
아멘!

72

배우자를 홀대했습니다

하나님 아버지,
사랑으로 나의 삶을 인도하시는 아버지, 감사합니다.
평생의 반려자를 허락하셔서 함께 가정을 이루게 하셨는데
함께 사랑하고 존중하지 못한 순간들이 많음을 회개합니다.
가장 가까운 이에게 가장 날카로운 말과 표정을 쏟았음을 회개합니다.
밖에서는 잘 참고 웃으면서 집에서는 마음대로 풀어버렸습니다.

사랑의 이름으로 통제하고 명령하였음을 용서하소서.
받은 스트레스를 배우자에게 던지고 함부로 했음을 용서하소서.
가까우니까 마음대로 해도 괜찮다 여김을 용서하소서.
존경의 말은 없어지고 무시와 비난이 가득했음을 회개합니다.
말에 태도가 더해지고 정죄의 표정이 있었음을 회개합니다.

가정이 안식처가 되어야 한다는 사실을 잊지 않게 하소서.
밖에서처럼 예의를 지키고 인내하게 하소서.

> 아내들이여 자기 남편에게 복종하기를 주께 하듯 하라 …
> 남편들아 아내 사랑하기를 그리스도께서 교회를 사랑하시고
> 그 교회를 위하여 자신을 주심 같이 하라(엡 5:22, 25).

다시 안 볼 사람에게는 친절하면서,
평생 볼 사람에게 막 대하는 어리석음을 용서하소서.
배우자와 함께 다시 사랑과 존중의 관계를 만들어가기 원합니다.
주님, 도와주소서.

하나님이 중심이신 가정답게 언어가 아름답게 하소서.
나의 말을 가장 먼저 돌이키고, 나쁜 습관을 버리겠습니다.
하나님이 주신 보석처럼 사랑하고 보호하게 하소서.
나의 주 예수 그리스도의 이름으로 기도합니다.
아멘!

73

복음을 전하지 않았습니다

하나님 아버지,
하나님의 자녀로 살며 은혜를 누리게 하심을 감사합니다.
복음으로 인해 하나님의 사랑을 누리고 살면서
그것을 전하지 않았습니다.
나는 어려울 때 하나님의 도움으로 견뎌놓고
다른 사람들은 생각하지 않았습니다.
내가 누린 하나님의 사랑을 전하지 못함을 회개합니다.
남의 인생에 대해 너무 무관심했음을 용서하소서.

복음을 알면서 주저했음을 회개합니다.
부끄럽다 핑계 대고,
나를 이상하게 쳐다볼까 두려워했습니다.
가족, 친구, 가까운 지인이 영적으로 죽어가고 있음에도
내가 아니어도 되겠지 하며 외면했습니다.
나만 신앙을 지키면 된다고 이기적인 마음을 가진 것을 용서하소서.

> 그런즉 그들이 믿지 아니하는 이를 어찌 부르리요
> 듣지도 못한 이를 어찌 믿으리요
> 전파하는 자가 없이 어찌 들으리요(롬 10:14).

말로도 전하지 않았고 나의 삶으로도 전하지 못했습니다.
전도의 사명을 잃어버린 것을 용서하소서.
나의 삶이 자녀에게 빛으로 보이지 못함을 용서하소서.
누군가 나를 바라볼 때 세상의 사람들과 다름이 없었습니다.
구별되지 않은 나의 삶을 용서하소서.

이제 말로도 전하고 삶으로도 전하는 사람이 되겠습니다.
무엇보다 나의 하루하루가 누군가에게 소망이 되기 원합니다.
하나님을 아는 사람의 모습으로 세상의 빛이 되게 하소서.
나의 구원이 되시는 예수 그리스도의 이름으로 기도합니다.
아멘!

74

말씀을 머리로만 알았습니다

하나님 아버지,
말씀으로 우리를 먹이시고 살리시는 은혜에 감사합니다.
성경을 읽으면서도 그 말씀대로 살려는 마음이 없음을 회개합니다.
지식에는 익숙했지만, 행동은 멀리 있었습니다.
머리에 남으면 마치 그것이 나의 삶인 것처럼 착각했음을 용서하소서.
아는 것과 행하는 것은 다른 것임을 깨닫게 하소서.

감동 없이 말씀을 읽고, 머리로만 이해했음을 회개합니다.
하나님은 말씀대로 살기 원하셨을 텐데
나는 늘 이해하려고만 했습니다.
순종보다는 판단을 앞세웠음을 용서하소서.
마음에 와닿는 말씀을 때로 행하는 것이 부담되어
외면했음을 회개합니다.
하나님의 뜻이라면 감사로 받고 의지로 행동하게 하소서.

> 이 율법책을 네 입에서 떠나지 말게 하며
> 주야로 그것을 묵상하여 그 안에 기록된 대로 다 지켜 행하라
> 그리하면 네 길이 평탄하게 될 것이며 네가 형통하리라(수 1:8).

주님의 말씀이 다시 내 삶에 살아 움직이기 원합니다.
묵상을 멈추었던 것을 돌이키고 다시 말씀에 집중하겠습니다.
그 묵상이 순종이 되고 나의 하루의 시작과 끝이 되게 하소서.
말씀이 내 삶의 중심이 되길 소망합니다.
아는 것과 사는 것이 일치되게 하겠습니다.

말씀이 경험이 되는 기적을 허락하소서.
나의 회개가 삶의 변화가 되게 하소서.
나의 모든 인생, 하나님의 말씀이 중심이 되게 하소서.
말씀으로 오신 예수 그리스도의 이름으로 기도합니다.
아멘!

75

천국 소망이 있음에도
죽음을 두려워했습니다

하나님 아버지,
생명을 주시고 살게 하신 아버지, 감사합니다.
사는 것도 힘들다고 투정을 부리면서
죽는 것은 더 두려워했음을 회개합니다.
하나님이 주신 천국의 소망이 있음에도
진심으로 믿지 못했음을 고백합니다.
삶의 끝이 언제 올지 몰라 두려움에 눌렸음을 회개합니다.
마치 천국이 없는 사람처럼 쫓겼음을 용서하소서.

걱정에 매여 하나님 앞에 온전한 사랑을 누리지 못했습니다.
작은 건강의 문제만 생겨도 온통 두려움으로
이성을 잃었음을 용서하소서.
천국을 가진 자의 모습으로 살지 못했음을 용서하소서.
영원의 세계의 아름다움을 생각하지 못했습니다.
오늘의 걱정으로 하루 종일 종종거렸음을 용서하소서.

> 또 죽기를 무서워하므로
> 한평생 매여 종 노릇 하는 모든 자들을 놓아 주려 하심이니
> (히 2:15).

죽음이 두려울 때 그래서 오늘을 더 알차게 살게 하소서.
천국을 더 선명하게 그리며 죽음의 그림자를 쫓아버리게 하소서.
죽음은 하나님을 만나는 시작임을 다시 기억합니다.
하나님을 뜨겁게 사랑할 때
그 사랑하는 분이 계신 천국이 기대가 됩니다.
오늘을 사로잡는 모든 걱정을 마음의 평안으로 잊게 하소서.

두려움 대신 평안을 주소서.
불안 대신 소망을 주소서.
죽음을 준비하기 위해 오늘을 더 가치 있게 살게 하소서.
천국의 소망을 주신 예수 그리스도의 이름으로 기도합니다.
아멘!

04

나의 자랑은 하나님입니다

나의 영혼아 잠잠히 하나님만 바라라
무릇 나의 소망이 그로부터 나오는도다
오직 그만이 나의 반석이시요 나의 구원이시요
나의 요새이시니 내가 흔들리지 아니하리로다
(시 62:5-6).

76

나를 무가치하게 여겼습니다

하나님 아버지,
하나님의 형상으로 지으신 나 자신을
귀하게 보지 못했음을 회개합니다.
신의 형상을 가졌음에도 나를 무가치하게 여겼음을 용서하소서.
거울을 보며 실망했고,
내 외모와 능력을 끊임없이 남과 비교했습니다.
나를 있는 그대로의 존재로 귀히 보지 않았습니다.
내가 나를 더 깎아내림을 용서하소서.

칭찬을 받아도 믿지 않았습니다.
자신감보다는 열등감에 비뚤어진 마음을 가졌습니다.
하나님의 사랑보다 사람들의 사랑에 목 매었음을 용서하소서.
사람들의 시선과 평가가 곧 나라고 믿어버렸습니다.
이 왜곡된 시선을 용서하소서.

> 내 형질이 이루어지기 전에 주의 눈이 보셨으며
> 나를 위하여 정한 날이 하루도 되기 전에
> 주의 책에 다 기록이 되었나이다(시 139:16).

하나님이 나를 소중하게 빚으셨음을 진심으로 믿게 하소서.
하나님의 사랑의 시선이 나를 떠나지 않고
지켜보심을 믿게 하소서.
하나님의 완전한 작품이 바로 나라는 사실을 깨닫고,
하나님은 나의 삶에 온전한 계획을 가지고 계심을 믿게 하소서.
이 믿음이 나의 열등감을 자신감으로 바꿀 것입니다.

남들이 가지지 않은 특별한 것을 가진 나를 받아들입니다.
그리고 그 나만의 것으로 세상을 아름답게 보겠습니다.
아침마다 그 무엇보다 나를 가장 사랑스럽게 바라보겠습니다.
나를 만드신 예수 그리스도의 이름으로 기도합니다.
아멘!

77

완벽주의를 추구했습니다

하나님 아버지,
모든 것을 족하게 주신 아버지의 사랑에 감사합니다.
그럼에도 불구하고 언제나 더 잘해야 한다는
압박 속에 살았음을 회개합니다.
더 달리고 달려야 한다고 나를 다그치며 살았습니다.
입으로는 은혜가 족하다고 하면서
내 삶은 그렇지 못했음을 회개합니다.
세상에서 이겨야 한다고 생각한 강박을 용서하소서.

사람들의 칭찬이 있어야 안정을 찾았음을 용서하소서.
실패만이 아니라 실수만 해도 무너져버렸습니다.
성공을 곧 나의 모든 가치처럼 여겼음을 용서하소서.
연약함은 감춰야 하는 것이고 늘 강해야 한다 생각했습니다.
하나님의 도우심보다 인맥을 더 의지했음을 용서하소서.

> 내 은혜가 네게 족하도다
> 이는 내 능력이 약한 데서 온전하여짐이라
> (고후 12:9).

주님은 늘 나에게 완벽하지 않아도 된다고
말씀하시지만 믿지 못했습니다.
약하기 때문에 은혜를 더 구해야 함을 잊고 살았습니다.
부족함에도 역사하시는 하나님의 도우심을 놓쳐버렸습니다.
나의 완벽주의가 아버지를 더 멀리하게 했음을 용서하소서.
이제 다시 은혜의 기쁨을 누리게 하소서.

나의 있는 모습 그대로 주님 앞에 나아갑니다.
내 모습의 장단점 그대로 사람들 앞에 살아가겠습니다.
성과보다 순종의 과정을 더 사모하겠습니다.
나의 부족함을 채우시는 예수 그리스도의 이름으로 기도합니다.
아멘!

/ 78

자랑하는 습관이 있습니다

하나님 아버지,
모든 것이 하나님의 은혜임에도 불구하고
자랑이 잦았음을 회개합니다.
조금 잘된 일들도 자랑하고 싶어서 안달을 했습니다.
잘한 일은 말하고 싶었고, 알려지지 않으면 서운해했습니다.
겸손한 척했지만, 마음은 간절히 인정받고 싶었습니다.
작은 자랑과 서운함의 반복을 주님 앞에 회개합니다.

자랑을 멈출 때에는 은근히 우쭐할 때도 있었음을 회개합니다.
감추려고 해도 허세가 드러나고, 어깨가 올라갔습니다.
나의 자랑이 누군가의 아픔이 될 수 있음을 잊었습니다.
나의 자랑이 하나님의 영광을 가리는 일이 됨을 몰랐습니다.
모든 자랑으로 인한 죄를 회개하기 원합니다.

나의 진짜 자랑은 하나님밖에 없습니다.
나의 진짜 능력은 하나님뿐입니다.

> 지혜로운 자는 그의 지혜를 자랑하지 말라
> 용사는 그의 용맹을 자랑하지 말라
> 부자는 그의 부함을 자랑하지 말라(렘 9:23).

나의 진짜 희망은 하나님이십니다.
겸손히 걸어가도 결국 빛날 수 있음을 믿겠습니다.
자랑보다 감사가 넘쳐나는 사람이 되겠습니다.

다른 사람의 자랑을 기쁨으로 들어주게 하소서.
나의 자랑은 온전히 하나님이 되게 하소서.
자랑으로 시험 들고 죄짓는 일이 없게 하소서.
나의 완전한 자랑이 되시는 예수 그리스도의 이름으로 기도합니다.
아멘!

79

나의 몸을 방치했습니다

하나님 아버지,
하나님이 나를 사랑하시듯이
온전히 나를 사랑하지 못함을 용서하소서.
오늘도 나의 몸을 함부로 대하고 있음을 회개합니다.
나를 위하면서 산다고 자부하지만 늘 과로했습니다.
내 몸 안에 들어가는 것을 가리지 않고 먹어왔습니다.
하나님이 주신 소중한 몸을 나 스스로 돌보지 않음을 회개합니다.

스트레스를 받게 방치하는 것도 나 자신이었습니다.
스트레스를 푼다는 이유로 건강을 해치는 일을 반복했습니다.
나를 위해 산다는 것이 결국 나를 망치는 일이었음을 용서하소서.
성공을 위해 달려가느라 무엇이 진짜 성공인지도 모르고
건강을 소진하며 살았음을 용서하소서.
나의 몸이 하나님의 성전임을 인정하지 않고 살았습니다.

> 너희 몸은 너희가 하나님께로부터 받은 바
> 너희 가운데 계신 성령의 전인 줄을 알지 못하느냐
> 너희는 너희 자신의 것이 아니라(고전 6:19).

스스로 비하하고 우울해하며 좌절을 일삼음을 용서하소서.
회복과 치유보다 방치와 방관을 해왔음을 용서하소서.
나의 몸을 내가 고치는 데 게을렀습니다.
그러고는 아프면 하나님을 원망했습니다.

과로와 불규칙한 생활, 우울로 방치한 삶을 모두 회개합니다.
스스로 망쳐놓고 하나님께 불평했던 죄를 회개합니다.
나를 가장 사랑하시는 하나님께
가장 불성실한 청지기로 산 것을 회개합니다.
모든 생명을 주시고 나를 사랑하신
예수 그리스도의 이름으로 기도합니다.
아멘!

80

회색 지대에 살았습니다

하나님 아버지,
신앙생활이 오래되다 보니 너무 느슨해진 것을 회개합니다.
감사가 사라지고, 감격을 잊어버렸음을 용서하소서.
나의 하루 중 선택해야 하는 많은 일들 속에 하나님이 사라졌습니다.
뜨겁지도, 차지도 않은 삶을 살고 있음을 회개합니다.
다시 하나님을 향한 뜨거움을 회복하게 하소서.

분명 선을 알면서도 타협한 적이 많았음을 회개합니다.
'이 정도는 괜찮겠지', '다들 이렇게 하니까'라며
스스로 괜찮다 했습니다.
어느덧 죄의 경계에서 선을 넘나들며 살고 있음을 용서하소서.
그리스도인이라 말하면서 신앙적으로 살지는 않았습니다.
하나님의 자녀다움을 잊고 산 것을 용서하소서.

양심은 이미 신호를 보냈지만
스스로 죄가 아니라고 포장하며 살았습니다.

> 내가 네 행위를 아노니
> 네가 차지도 아니하고 뜨겁지도 아니하도다
> 네가 차든지 뜨겁든지 하기를 원하노라(계 3:15).

이런 타협이 결국 하나님께
가까이 가지 못하게 했음을 고백합니다.
회색 지대에서 벗어나지 않는 삶을 용서하소서.
하나님이 기뻐하시는 일을 알면서도 행하지 않음을 용서하소서.
하나님이 미워하시는 일을 알면서도 행하는 것을 용서하소서.

다시 맑은 영혼으로 회복하기 원합니다.
하나님께로 주저 않고 달려가는 자녀 되게 하소서.
나의 죄를 청산하고 다시 주님 앞에 섭니다.
나의 주 예수 그리스도의 이름으로 기도합니다.
아멘!

81

휴대폰 없이 살 수 없게 되었습니다

하나님 아버지,
이 세상이 발전하여 많은 편리함을 허락하심에 감사드립니다.
편리함을 누릴수록 삶의 질이 높아지는 것 같지만
나의 영혼도 그러한지 모르겠습니다.
입은 하나님 없이 살 수 없다고 고백하지만,
현실은 휴대폰 없이 살 수 없게 되었습니다.
필요 때문에 사용하는 것을 넘어서 중독되어버린 것을 회개합니다.

모든 시간을 휴대폰에 매몰되어 사는 것을 용서하소서.
영혼의 건강을 위해서는 나에게 시간을 주지 않음을 회개합니다.
하늘을 바라볼 시간 없이 휴대폰만 바라보고 있습니다.
그 안에 답이 있고, 그 안에 즐거움이 있습니다.
그 안에 관계가 있고, 그 안에서 휴식을 찾고 있음을 용서하소서.

너무 많은 시간을 낭비함을 회개합니다.
필요를 넘어서 모든 마음과 감정까지 소모함을 회개합니다.

> 보라 형제가 연합하여 동거함이
> 어찌 그리 선하고 아름다운고
> (시 133:1).

현실 세상에서 사람의 눈을 보지 않고
얼굴을 바라보지 않음을 회개합니다.
식탁에서도, 만남에서도, 여행에서도
사람을 보지 않음을 용서하소서.
하나님이 만드신 하늘과 나무와 꽃과 사람을 바라보게 하소서.

나의 시간을 작은 기계 속에 함몰시키지 않고
사람을 바라보기 원합니다.
사람의 얼굴을 바라보고, 그들의 목소리를 듣고,
사랑을 나누겠습니다.
정보가 아니라 마음을 알고, 나누고, 위로하는 삶으로
다시 일어서겠습니다.
나의 주 예수 그리스도의 이름으로 기도합니다.
아멘!

82

난폭 운전을 했습니다

하나님 아버지,
마음에 담긴 분노가 운전할 때마다 드러남을 회개합니다.
운전대 앞에만 서면 내가 주인이 된 것처럼 착각했음을 용서하소서.
나의 조급함이 얼마나 위험한 일인지를 간과했습니다.
조금 느린 운전자에게 화를 내고 감정을 쏟았습니다.
그들의 사정은 알지 못하면서 욕하고 정죄했음을 용서하소서.

그 안에 타고 있는 사람이 아니라 차만 보였습니다.
생명이 아니라 방해물로만 여기며
공격적으로 길 위를 달림을 용서하소서.
작은 실수에도 인내하지 못하고
화풀이로 도로를 이용함을 용서하소서.
차가 얼마나 무서운 무기인지 다시 깨닫게 하소서.
나의 안전불감증을 용서하여 주소서.

> 노하기를 더디하는 자는 용사보다 낫고
> 자기의 마음을 다스리는 자는 성을 빼앗는 자보다 나으니라
> (잠 16:32).

운전할 때도 내가 주님의 자녀라는 것을 잊었습니다.
운전에도 사랑이 있을 수 있음을 놓쳤습니다.
차 안이 안 보인다는 것 때문에 익명의 폭군이 되었습니다.
차 안에서조차 하나님의 자녀임을 명심하게 하소서.
차 안에서도 평안하게 하시고,
양보와 배려의 습관을 갖게 하소서.

모든 순간, 보이든 보이지 않든 하나님의 자녀로 살겠습니다.
운전이 얼마나 큰 생명을 앗아갈 수 있는지 알고
두려운 마음으로 임하겠습니다.
모든 곳에서 모든 순간 평안을 누리게 하소서.
나의 주 예수 그리스도의 이름으로 기도합니다.
아멘!

83

SNS로 상처를 주었습니다

하나님 아버지,
익명성 뒤에 숨어서 감정을 쏟아내었던 것을 회개합니다.
말의 힘이 얼마나 대단한 것인지를 깨닫지 못했습니다.
누군가는 내 말 때문에 살 수도 있고, 죽을 수도 있음을 간과했습니다.
내 말이 누군가에게 비수가 될 수 있었기에 회개합니다.
글로 남긴 말 안에 가시를 품었음을 용서하소서.

의미 없이 보낸 조롱과 비웃음이 누군가에게 깊은 상처를 주었습니다.
SNS가 폭력의 도구가 되었음을 용서하소서.
현실 공간이 아니라는 안일함에 숨어 조심하지 않음을 회개합니다.
댓글로라도 누군가를 살리지 못했음을 용서하소서.
그 공간이 내 감정의 해소처가 되지 않게 하소서.

오염되고 사탄이 장악하는 디지털 공간에서
하나님의 빛이 되게 하소서.
그간의 모든 의식 없던 나의 행동을 용서하소서.

> 무릇 더러운 말은 너희 입 밖에도 내지 말고
> 오직 덕을 세우는 데 소용되는 대로 선한 말을 하여
> 듣는 자들에게 은혜를 끼치게 하라(엡 4:29).

사랑 없는 진실은 폭력이 되어버렸음을 용서하소서.

웃음 없는 비판은 깊은 상처가 됨을 알게 하소서.

말이 사람을 죽일 수 있다면,

말이 사람을 살릴 수도 있다는 것을 알게 하소서.

이제 말로 사람을 살리는 사람 되겠습니다.

익명의 공간에서도 하나님의 자녀가 되겠습니다.

디지털 공간에서도 선교사 같은 마음으로

오염을 정화시키겠습니다.

모든 이에게 빛이 되시는 예수 그리스도의 이름으로 기도합니다.

아멘!

84

돌을 던지는 편에 섰습니다

하나님 아버지,
날마다 하나님의 용서하심으로 살고 있음을 고백합니다.
일만 달란트 받은 자처럼 살고 있음에 감사를 드립니다.
그럼에도 하루하루 나는 누군가의 실수를 보고 돌을 들었습니다.
작은 잘못도 거저 넘어가는 법이 없었음을 회개합니다.
겉으로는 티를 내지 않았지만 마음은 정죄하였음을 회개합니다.

돌로 치려는 사람들을 물리치는 사람이 아니라,
돌을 들어 치려는 사람들의 편에 서 있던 것을 용서하소서.
예수님의 사랑이 어떤 것인지 알면서도
실천하지 못했음을 용서하소서.
나에게 용서를 구하는 사람조차 온전히 용서하지 못했습니다.
한번 밀어낸 마음을 좀처럼 회복하려 하지 않았음을 용서하소서.

나도 넘어질 수 있음을 망각한 것을 용서하소서.
나도 죄지을 수 있음을 잊은 것을 용서하소서.

> 형제들아 사람이 만일 무슨 범죄한 일이 드러나거든
> 신령한 너희는 온유한 심령으로 그러한 자를 바로잡고
> 너 자신을 살펴보아 너도 시험을 받을까 두려워하라(갈 6:1).

내가 얼마나 큰 용서를 받고 사는 사람인지 다시 돌아봅니다.
나의 좁은 마음과 온전치 못한 영혼을 불쌍히 여기소서.
다시 하나님의 마음으로 은혜를 기억하게 하소서.

하나님의 사랑을 기억함으로 손에 들린 돌을 내려놓게 하소서.
나는 돌을 들 사람이 아니라,
용서받아야 하는 존재임을 알게 하소서.
은혜의 눈으로만 사람들을 바라보게 하소서.
나의 모든 죄를 사하신 예수 그리스도의 이름으로 기도합니다.
아멘!

85

과한 농담에 참여했습니다

하나님 아버지,
하나님 앞에 온전하지 못한 입술을 회개합니다.
웃고 떠드는 이야기 속에서 누군가를 비하하였음을 회개합니다.
농담으로 떠드는 이야기 속에 누군가의 눈물이 있었습니다.
가볍게 넘긴 농담 속에 상대를 향한 빈정거림이 있었음을 용서하소서.
말이 덕이 되지 못하고, 조롱하는 놀이가 되었음을 회개합니다.

하나님이 주신 언어로 사람을 세우지 못했습니다.
하나님이 주신 말을 사람을 아프게 하는 데 사용했습니다.
농담이라는 핑계로 경계를 세우지 못하고
함부로 실수함을 용서하소서.
사회생활이라는 명목 아래 사람의 눈치를 보느라 죄를 지었습니다.
동조하지 않으면 따돌림을 당할까 두려워 같이 참여함을 용서하소서.

사람들 앞에, 하나님 앞에
자녀 됨을 드러내는 언어생활을 하게 하소서.

> 가난한 자를 조롱하는 자는 그를 지으신 주를 멸시하는 자요
> 사람의 재앙을 기뻐하는 자는 형벌을 면하지 못할 자니라
> (잠 17:5).

나의 말속에 은혜가 흐르게 하소서.
나의 언어가 누군가의 가슴을 찌르는 일이 없게 하소서.
나를 높이려는 말이 아니라 남을 세우는 말을 사용하게 하소서.
나의 입술에 파수꾼을 세워주소서.

말을 하기 전에 기도하기 원합니다.
하나님의 마음을 담아 그 마음이 표현되는 말을 하기 원합니다.
세상의 분위기에 휩쓸리지 않고 주님의 은혜에 휩쓸리게 하소서.
나의 주 예수 그리스도의 이름으로 기도합니다.
아멘!

86

선한 척 쇼를 했습니다

하나님 아버지,
하나님을 기쁘시게 하는 선을 행하면서도
이중적 마음을 가진 것을 회개합니다.
처음에는 진심이 있었지만,
시간이 지나며 매너리즘에 빠졌습니다.
때로는 하기 싫었지만, 사람들의 시선을 의식했습니다.
진심보다 평가에 연연했음을 회개합니다.
사람들에게 자랑하고 싶어서 선행을 했음을 용서하소서.

사랑 없이 하는 일이 너무 많았습니다.
봉사도, 기도도, 예배도, 헌신도 사람이 알아줄 것을 기대했습니다.
사람을 돌보면서도 칭찬을 기대했습니다.
알아주지 않으면 화가 난 것은 그 목적이 인정받음에 있음입니다.
헌신하면서 나는 그렇지 않은 사람보다 낫다며
교만했음을 용서하소서.

> 사람에게 보이려고 그들 앞에서 너희 의를 행하지 않도록 주의하라
> 그리하지 아니하면 하늘에 계신 너희 아버지께 상을 받지 못하느니라
> (마 6:1).

선을 행하면서도 쇼를 했습니다.
선을 행하면서도 따돌림이 있었습니다.
선을 행하면서도 고집스러웠습니다.
선을 행하면서도 대가를 기대했습니다.
온전하지 못한 선행을 회개하오니 용서하여 주옵소서.

하나님을 사랑해서 선을 행하게 하소서.
선을 행하면서 가능한 한 진심을 담게 하소서.
아무도 보지 않아도, 아무도 인정하지 않아도
할 수 있는 초심을 허락하소서.
나의 중심을 보시는 예수 그리스도의 이름으로 기도합니다.
아멘!

87

일중독으로 가정을 방치했습니다

하나님 아버지,
가정을 허락하신 아버지께 감사를 드립니다.
소중한 가정을 지키기 위해 일을 하면서
많은 것을 놓친 것을 회개합니다.
일을 너무 열심히 하느라 가장 중요한 가정을 뒷전으로 미뤘습니다.
바쁘다는 이유로 식사 자리를 피했습니다.
내가 하는 일이 중요하다며 함께하는 시간을 미뤘습니다.

가정을 위한 책임감으로 일하기 시작했는데
도를 넘어섰음을 용서하소서.
그 책임 때문에 가족에게 상처를 주고 차가워졌음을 용서하소서.
나만 일하느라 힘들다며 피해 의식을 가졌습니다.
무엇을 위하여 일하고 있는지 다시 생각하기 원합니다.
시간이 습관이 되어 목표를 잃고 길을 잃었음을 용서하소서.

> 너희가 일찍이 일어나고 늦게 누우며
> 수고의 떡을 먹음이 헛되도다
> (시 127:2).

내가 일하는 목적을 다시 살펴보게 하소서.
하나님이 나로 이 자리에 있게 하신
가장 중요한 이유가 무엇인지 돌아봅니다.
일하는 것에 숨겨진 나의 욕망을 정직하게 바라보게 하소서.
가족에게 생색냄으로 화목을 잃어버리지 않게 도와주소서.
나의 지난 잘못된 선택들을 용서하소서.

하나님이 주신 가정을 가장 소중히 여기겠습니다.
바쁘다며 핑계 대었던 어리석음을 버리겠습니다.
가장 소중한 관계를 제일 먼저로 두겠습니다.
나의 모든 것이 되시는 예수 그리스도의 이름으로 기도합니다.
아멘!

88

나라를 위한 기도를 쉬었습니다

하나님 아버지,
우리의 살아가는 토대인 나라를 주신 아버지, 감사합니다.
나라의 모든 일에 관심을 가지고 비판하였지만
정작 기도는 쉬었음을 용서하소서.
판단은 수없이 많았으나 기도는 적었습니다.
모든 권세가 하나님의 손에 있음을 믿고 기도했어야 합니다.
나 자신을 위한 기도는 하면서
나라를 위한 기도를 하지 못함을 회개합니다.

뉴스를 보면서 한탄할 때 그것이 기도가 되었어야 합니다.
지도자의 잘못에 분노하면서
그 분노를 쌓아 비판만 했음을 회개합니다.
답답하고 한심하다며 손가락질만 했지 기도하지 못했습니다.
정의와 공의를 위한 복음적 판단을 하지 못했음을 용서하소서.
하나님이 원하시는 세상이 어떤 것인지를
알기 위해 기도하게 하소서.

> 모든 사람을 위하여 간구와 기도와 도고와 감사를 하되
> 임금들과 높은 지위에 있는 모든 사람을 위하여 하라
> (딤전 2:1-2).

이 나라와 국민을 위해 하나님의 뜻이 무엇인지
온전히 분별하게 하시고, 분별하기 위해
조용히 묵상하며 기도하는 시간을 갖게 하소서.
사람들의 말에 휩쓸려 소문을 무성하게 하는 데
기여했음을 회개합니다.
소문이 나라를 일으키지 못함을 깨닫고
무릎으로 나아가게 하소서.
나를 위한, 가족을 위한 기도만이 아니라
나라를 위해 하나님 앞에 기도하게 하소서.

우리 삶의 그릇이 국가임을 기억합니다.
이 나라에 평화를 허락하소서.
이 나라가 하나님의 뜻이 이루어지는 국가가 되게 하소서.
나의 주 예수 그리스도의 이름으로 기도합니다.
아멘!

89

복수하고 싶은 마음이 있습니다

하나님 아버지,
하나님의 은혜로 사는 하루이지만
또한 세상 속에서 상처받음을 불쌍히 여겨주소서.
주님의 마음처럼 모든 것에 너그럽고 싶지만
잘 되지 않을 때가 많음을 용서하소서.
나에게 상처를 준 사람에게 똑같이 갚아주고 싶은 마음을 용서하소서.
용서보다는 보복이 더 간절했음을 회개합니다.

나만 이런 일을 겪는다는 게 억울했습니다.
심판이 하나님의 손에 있음에도
작게라도 내가 하고 싶어했습니다.
똑같은 말로, 똑같은 표정으로, 똑같은 방법으로 해주고 싶었습니다.
내가 꼭 그 결말을 보겠다는 악한 마음을 용서하소서.
모든 것이 하나님의 손에 있음을 믿고 너그러운 마음을 갖게 하소서.
상대의 어려움을 기대하며 고난에 고소해하지 말게 하소서.

> 내 사랑하는 자들아 너희가 친히 원수를 갚지 말고
> 하나님의 진노하심에 맡기라 기록되었으되 원수 갚는 것이 내게 있으니
> 내가 갚으리라고 주께서 말씀하시니라(롬 12:19).

하나님의 사랑을 풍족히 받은 것으로 만족하게 하소서.
억울한 일을 당할 때는 하나님의 사랑을 기억하지 못했습니다.
눈물의 시간만큼이나
오히려 하나님이 원망스러웠음을 용서하소서.
이 시간들을 통한 인내와 성숙함이
내 삶에 깊이를 줄 것을 믿게 하소서.
하나님의 시간에 모든 것을 맡기게 하소서.

작은 복수를 꿈꾸어 똑같은 악인의 자리에 서지 말게 하소서.
하나님을 신뢰함으로 앞을 바라보고 나아가겠습니다.
사람에게 보상받지 않고 주님께 보상받겠습니다.
공의로우신 예수 그리스도의 이름으로 기도합니다.
아멘!

90

감정적으로 판단했습니다

하나님 아버지,
언제나 구하는 자에게 지혜를 주시는 하나님께 감사를 드립니다.
하나님 앞에 분별을 위해 기도했어야 하는데 그리하지 못했습니다.
중요한 결정 앞에 감정이 앞섰던 것을 용서하소서.
즉흥적인 판단으로 행동을 결정했음을 회개합니다.
기도하지 않고 조언을 구하지 않은 교만함을 회개합니다.

나의 지혜 없는 판단에 맡긴 모든 결정을 불쌍히 여겨주소서.
지혜자를 곁에 두고도 듣지 않는 귀 때문에
어리석은 결정을 했습니다.
어리석은지도 모르고 내가 잘난 줄 알았음을 용서하소서.
무릎 꿇을 시간보다 내 생각을 믿는 데 익숙했습니다.
모든 것이 교만함이오니 이 죄를 용서하소서.
하나님의 뒷모습을 바라보며 신중하게 결정했어야 합니다.
나는 내가 앞서서 내가 선택한 길을 하나님이 밀어주시기만
기도했습니다.

> 지식 없는 소원은 선하지 못하고
> 발이 급한 사람은 잘못 가느니라
> (잠 19:2).

뒤바뀐 이 순서를 바로잡게 하소서.
나의 모든 교만함을 내려놓고,
기도함으로, 경청함으로 신중하게 하소서.
하나님의 뜻이 가장 올바른 것임을 믿고 기도하게 하소서.

지혜로운 길을 걷는 자 되게 하소서.
감정을 걷어내고 하나님이 주신 지혜와
조언자들과 돕는 손길을 보게 하소서.
주시되 언제나 풍성히 주시는 아버지의 지혜를 구합니다.
나의 모든 지혜가 되시는 예수 그리스도의 이름으로 기도합니다.
아멘!

91

오랜 쓴 뿌리를 뽑지 못했습니다

하나님 아버지,
오랜 시간 마음에 담아두었던 기억들을 주님 앞에 내려놓습니다.
아주 어린 시절의 아픔들,
성장하면서 겪은 트라우마를 모두 내어놓습니다.
아픔이라 생각하고 싶지 않아 덮어두었음을 회개합니다.
아버지 앞에 진작 해결했어야 하는 것이지만 두려웠습니다.
다시 꺼내는 것을 회피하며 산 것을 용서하소서.

시간이 지나도 잊히지 않고 남아 마음에 왜곡을 일으켰습니다.
문득문득 떠올리며 눈물 흘리고 아파했습니다.
마음의 쓴 뿌리가 감정을 더럽히고 선입견을 만들었습니다.
이제 이 모든 쓴 뿌리를 내어놓고 새로운 삶을 살기 원합니다.
미움과 원망과 저주의 모든 감정을 회개합니다.

내 손으로 놓지 못하고 오랜 시간 곱씹으며 산 것을 용서하소서.
머리로는 알지만 마음으로 놓지 못했던 집착을 회개합니다.

> 쓴 뿌리가 나서 괴롭게 하여
> 많은 사람이 이로 말미암아
> 더럽게 되지 않게 하며(히 12:15).

이제 주님 앞에 던져버리고 잊어버리기 원합니다.
도와주소서.
나의 머리를, 나의 가슴을, 나의 응어리를 깨끗이 씻어주소서.

주님이 가져가심으로 기억은 남아도 상처가 되지 않게 하소서.
치유와 회복으로 그 쓴 뿌리의 자리를 채워주소서.
원한은 사라지고 희망이 자리 잡게 하소서.
나의 모든 치료자 되시는 예수 그리스도의 이름으로 기도합니다.
아멘!

92

듣는 귀를 닫고 살았습니다

하나님 아버지,
언제나 돕는 손길들을 두셔서 나의 삶을 인도하심에 감사드립니다.
나의 능력이 부족할 때 돕는 손길들을 주셨습니다.
나의 지혜가 부족할 때 조언하는 지혜자를 주셨습니다.
그런데 내가 교만하여 그들을 물리쳤음을 회개합니다.
내 생각이 맞다며 어리석은 고집을 피웠음을 용서하소서.

하나님이 보내주신 사람들일 수도 있는데
경솔하게 밀어냈습니다.
사람들의 조언을 통해서도 말씀하시는
하나님의 음성을 놓쳐버렸습니다.
나의 교만함이고 어리석음입니다.
도움을 거절했던 어리석음을 용서하소서.
내 생각과 다르다는 것 때문에 듣지도 않고
무시해 버림을 용서하소서.

> 의논이 없으면 경영이 무너지고
> 지략이 많으면 경영이 성립하느니라
> (잠 15:22).

나의 뜻과 다를 때
오히려 하나님의 뜻인 아닌지 돌아봤어야 합니다.
듣는 귀를 닫는 것이 얼마나 위험한지 알았어야 합니다.
듣는 체하면서도 이미 내 뜻대로 결정했던 마음들을 회개합니다.
주변의 충고보다 내 확신을 더 믿었습니다.
그렇게 실수하고도 그것을 반복함을 용서하소서.

하나님의 도움을 다시는 밀어내지 않겠습니다.
충고나 조언에 귀를 열어두겠습니다.
나의 고집을 내려놓고 지혜를 구하겠습니다.
나의 돕는 손 되시는 예수 그리스도의 이름으로 기도합니다.
아멘!

93

SNS가 부러움을 부추깁니다

하나님 아버지,
SNS 속 사람들을 하루 종일 보다 보면 내 삶이 초라해집니다.
그들과 비교하며 마음이 무너진 적이 많음을 고백합니다.
나 말고 다 행복해 보이고, 나 말고 다 휴가 중인 것 같습니다.
누군가는 웃고, 누군가는 성공한 것처럼 보여 내가 초라해집니다.
허상의 것에 비교하고 스스로 초라하게 여긴 것을 회개합니다.

박수받기 위해 좋은 내용만 올린 것을
머리로는 알지만 흔들립니다.
그들처럼 꾸미고, 그들이 가진 것을 가지고 싶은 욕망에 흔들립니다.
내가 이루어온 성실로 쌓은 것들을 하찮게 여김을 용서하소서.
나의 삶이 하나님과 동행하며 살아온
소중한 것임을 인정하게 하소서.
남에게 보이는 내가 아니라 진실된 나를 바라보게 하소서.

> 우리는 자기를 칭찬하는 어떤 자와 더불어 감히 짝하며 비교할 수 없노라
> 그러나 그들이 자기로써 자기를 헤아리고
> 자기로써 자기를 비교하니 지혜가 없도다(고후 10:12).

허상의 것을 향한 나의 시선과 마음을
돌이키지 못함을 회개합니다.
명품과 멋진 외모, 좋은 차와 럭셔리한 여행이 부러웠습니다.
그러나 그것은 현실이 아님을 깨닫게 하소서.
오늘의 현실을 하루하루 성실히 살아나가는 나를
자랑스럽게 여기겠습니다.
모래 위에 집을 짓고 싶은 마음을 버리겠습니다.

사람들의 자랑을 바라보는 시선에서
주님을 바라보는 시선으로 중심을 돌립니다.
허황된 것을 따르고 싶은 마음을 잡아 주님께로 돌립니다.
비교를 버리고 나를 특별히 창조하신 아버지의 사랑을 붙듭니다.
나를 최고로 여겨주시는 예수 그리스도의 이름으로 기도합니다.
아멘!

94

기억의 장부를 지우지 못했습니다

하나님 아버지,
내 마음속에 깊이 감추어둔 기억의 장부를 주님 앞에 내어놓습니다.
용서했다고 말하면서도 그때 그 말, 그 표정, 그 행동을
계속 기억하며 가슴속 장부에 적어두었음을 회개합니다.
마음으로는 끊지 못한 채, 상대의 잘못을 곱씹으며
내가 옳다고 스스로를 위로했습니다.

관계는 지속되었지만,
진정한 용서와 화해는 없었음을 용서하소서.
그 사람을 볼 때마다 묵은 감정이 다시 올라왔습니다.
결국 나는 과거에 살고 있었습니다.
주님은 언제나 회개한 내 죄를 기억하지 않으셨습니다.
그 은혜를 받으면서도 기억의 장부를 버리지 못함을 용서하소서.

이제 나의 모든 기억의 장부를 불살라버립니다.
잊을 수 있는 힘을 허락하소서.

악한 것을 생각하지 아니하며
(고전 13:5).

내가 얻은 구원의 은혜를 기억하며
다시는 장부를 뒤적이지 않게 하소서.
과거로 남은 나의 모든 시선을 주님께로 돌리겠습니다.
누군가의 죄를 붙잡고 살지 않겠습니다.

이제 온전히 자유하겠습니다.
과거가 아니라 오늘을 살겠습니다.
미래의 모든 소망을 주님께 걸고 오늘을 힘차게 살겠습니다.
모든 죄를 용서하시는 예수 그리스도의 이름으로 기도합니다.
아멘!

95

미래를 향한 불안을 이기지 못했습니다

하나님 아버지,
나를 부르신 아버지께서 나의 인생을 주도하고 계심을 믿습니다.
하루하루 밀려오는 염려들로 인해 주님 앞에 나아갑니다.
내일의 일을 걱정하느라 오늘을 잃어버리고 살았음을 용서하소서.
과거에 매여 오늘을 잃어버리고,
미래의 걱정으로 오늘을 버렸습니다.
결국 의미 없는 오늘을 보내느라
인생이 버려지고 있음을 용서하소서.

걱정함으로 나아지지 않는다는 것을 알면서도
염려를 버리지 못했습니다.
마음은 조급해졌고, 사람들에게 뒤처지는 것 같은
비교 의식이 자리 잡았습니다.
누군가를 따라 사는 것도 아닌데, 이 초조함을 거둬주소서.
하나님의 시간 속에 나의 인생을 넣지 못함을 회개합니다.
하나님의 계획이 나를 온전하게 인도할 것을 믿게 하소서.

> 그러므로 내일 일을 위하여 염려하지 말라
> 내일 일은 내일이 염려할 것이요
> 한 날의 괴로움은 그 날로 족하니라(마 6:34).

기도하면서도 기도가 과연 이뤄질까 불안해했음을 용서하소서.
주님보다 계산을 앞세웠고, 말씀보다 통계를 붙들었습니다.
그들이 제시하는 미래에 나의 미래를 대입해 걱정했습니다.
나의 믿음 없음을 용서하소서.
하나님이 나의 인생의 주인이심을 놓쳤음을 회개합니다.

하나님과 동행하며 나만의 삶을 살아가겠습니다.
하나님의 스케줄대로 이끄시는 차분한 삶으로 들어가겠습니다.
주님 안에서 나는 망하지 않음을 믿겠습니다.
나의 미래를 책임지시는 예수 그리스도의 이름으로 기도합니다.
아멘!

96

봉사하면서 투덜거렸습니다

하나님 아버지,
하나님을 위하는 헌신의 마음으로 봉사를 택했습니다.
그런데 자꾸 사람이 보이고, 불편한 마음을 가졌습니다.
못마땅한 것들만 눈에 들어오고 기쁨보다 불평이 앞섭니다.
도움을 주면서도 나만 일하나 싶은 피해 의식이 있음을 용서하소서.
기쁨으로 할 수 없다면 봉사를 쉬고 평안을 누리게 하소서.

섬길 수 있다는 기쁨의 감사보다
인정받고 싶은 마음이 커져갑니다.
알아주지 않으면 섭섭하고, 잘하면 내 목소리가 커집니다.
너무 인간적인 모습으로 주의 일을 하고 있음을 용서하소서.
아버지가 기뻐하시는 봉사가 아니라면 멈추고 회개하게 하소서.
봉사로 우월한 자리를 가졌다면 차라리 내려놓고 겸손하게 하소서.

무엇이 하나님을 기쁘시게 하는 것인지 다시 생각합니다.
작은 봉사를 하더라도 주님의 마음으로 하게 하소서.

> 서로 대접하기를 원망 없이 하고
> (벧전 4:9).

나의 마음이 요동치며 판단하고 불평한다면
머물러 기도하게 하소서.
하나님을 사랑하여 하는 자발적인 봉사가 되게 하소서.
억지로 떠밀려서 하는 봉사라면 아무 의미 없음을 알게 하소서.

봉사하지 않아도 하나님은 뭐라 하지 않으신다는 믿음을 주소서.
하나님은 억지로 뭔가를 시키지 않으시는 분임을 알게 하소서.
우리는 노예가 아니라 자녀임을,
그래서 기쁨으로 해야 함을 알게 하소서.
나의 모든 힘이 되시는 예수 그리스도의 이름으로 기도합니다.
아멘!

97

안식할 믿음이 없었습니다

하나님 아버지,
성실함이 미덕이라 생각했지만 결국 쉼을 잃어버림을 회개합니다.
하나님도 쉬셨는데 인간인 내가 뭐라고
쉬지 않고 일했던 것을 용서하소서.
쉴 줄 몰랐습니다. 아니, 쉬는 것이 두려웠습니다.
멈추면 뒤처질까, 쉬면 무기력해질까
조급한 마음으로 일만 했습니다.
하나님이 지키신다는 믿음이 없었음을 회개합니다.

인간은 기계가 아님을 가장 먼저 알게 하소서.
나는 아무것도 아님을 알게 하소서.
하나님이 거둬가시면 오늘의 생명도 보장되지 않음을,
아무리 열심히 일한다 해도 하나님이 허락하셔야
내 것이 됨을 알게 하소서.
가장 쉽게 무너질 연약한 자임을 알게 하소서.

> 안식일을 기억하여
> 거룩하게 지키라
> (출 20:8).

몸은 피곤하고 마음은 번잡하고,
피해 의식으로 가득 차 거칠어질 것입니다.
쫓기는 두려움을 내려놓습니다.
망가지는 나 자신을 다시 주님 앞에 놓습니다.
아버지, 아버지를 바라봅니다.
나의 모든 무거운 짐을 다 내려놓고
아무것도 아닌 사람으로 섭니다.

주님의 품 안에 쓰러져 쉽니다.
모든 불면증을 버리고 주님의 품 안에서 단잠을 잡니다.
나를 지키시는 이는 오직 여호와 하나님이심을 믿고 신뢰합니다.
내 인생을 지키시는 예수 그리스도의 이름으로 기도합니다.
아멘!

98

자녀를 영적으로 방치했습니다

하나님 아버지,
사랑스러운 자녀를 선물로 허락하시니 감사합니다.
정말 잘 키워보고 싶은 마음이 가득하지만
여전히 미숙함을 용서하소서.
내 일이 바쁘다는 이유로 함께하는 시간을 줄였습니다.
지친다는 핑계로 대화를 하지 않았습니다.
하나님을 가까이하게 했어야 하는데 그리하지 못했습니다.

마땅히 행할 길을 사랑으로 알려줬어야 하는데
늘 날카로웠음을 회개합니다.
사랑은 했지만 표현은 늘 부족했습니다.
관심은 있었지만 잔소리만 많았습니다.
자녀의 인생을 주님의 시선으로 보지 못했음을 용서하소서.
자녀의 인생도 세상의 기준을 좇아가게만 종용함을 회개합니다.

> 마땅히 행할 길을 아이에게 가르치라
> 그리하면 늙어도 그것을 떠나지 아니하리라
> (잠 22:6).

학원은 미친 듯이 보냈지만,
하나님을 가르치는 데는 게을렀습니다.
부모로서 하나님을 믿는 모습을 보이지 못했습니다.
나의 결정이 성경적이라는 것을 보이지 못했습니다.
언제나 세상이 우선적인 결정을 하면서
자녀에게는 신앙을 가지라 강요했습니다.
부모로서의 어리석음을 용서하소서.

아이들이 먼저 믿음을 배우게 하겠습니다.
부모로서 하나님의 방식으로 결정하고 표현하겠습니다.
그들을 먼저 품고 안으며 이해하고 관용하겠습니다.
언제나 우리의 모범이 되시는
예수 그리스도의 이름으로 기도합니다.
아멘!

99

회개하고도 자유하지 못했습니다

하나님 아버지,
주님은 언제나 우리를 변호하시고 사랑해 주심을 감사합니다.
날마다 하나님 앞에 회개하면서 하나님의 용서를 믿지 못했습니다.
하나님은 회개한 나의 죄를 이미 잊으셨는데 나는 잊지 못했습니다.
죄를 회개하고도 여전히 스스로를 정죄했습니다.
하나님의 용서하심의 은혜를 믿지 못함을 용서하소서.

정말 씻어주셨는지, 정말 잊으셨는지 의심했음을 용서하소서.
아버지 앞에 진심으로 회개하고 기쁨으로 자유하게 하소서.
나의 옹졸함으로 하나님의 마음을 생각하지 않게 하소서.
다시 기억하지 않으시는 하나님의 자비하심을 찬양합니다.
나의 죄악을 씻으시되 눈처럼 희게 하시는 주님을 찬양합니다.

크고 작은 모든 일들을 회개하게 하소서.
그리고 하나님 앞에서 돌이켜 새로운 삶을 살게 하소서.

> 그러므로 이제 그리스도 예수 안에 있는 자에게는
> 결코 정죄함이 없나니
> (롬 8:1).

회개한 만큼 자유하게 하시고
그 자유로 주님을 더 사랑하게 하소서.
'나 같은 자를 용서하시나?'
의심의 마음을 완전히 버리게 하소서.
나를 위해 죽으신 예수님을 기억하게 하소서.

이제 뒤돌아보지 않고 주님께로 달려갑니다.
나의 죄악이 아무리 클지라도
회개한 자에게 주시는 자유를 믿습니다.
정죄가 아니라 회복으로, 후회가 아니라 믿음으로 나아갑니다.
나를 지극히 사랑하시는 예수 그리스도의 이름으로 기도합니다.
아멘!

100

꿈이 없는 삶을 살았습니다

하나님 아버지,
아름다운 인생으로 나를 부르신 아버지, 감사합니다.
하나님은 나의 삶에 계획을 가지고 계심을 믿습니다.
그러나 살다 보니 나는 지금 무엇을 위해 사는지를 잊었습니다.
그냥 살아낸 하루하루가 쌓여버렸습니다.
의미 없이 반복되는 일상 속에서 방향을 잃음을 회개합니다.

주님이 주신 소명을 가슴에 품지 못함을 용서하소서.
하나님이 주신 꿈을 묻지도 않고 품지도 못했습니다.
무료한 그날그날을 살며 오히려 주님을 원망했음을 용서하소서.
무기력은 나태가 되어 영적인 침체로 이어졌습니다.
내가 살아가야 할 목표를 다시 발견하기 원합니다.

나를 만드신 분이 아버지이시니 아버지께 답이 있음을 믿습니다.
다시 주님 앞에 나아갑니다.

> 묵시가 없으면 백성이 방자히 행하거니와
> 율법을 지키는 자는 복이 있느니라
> (잠 29:18).

비전 없이 살았던 지난날을 회개합니다.
그리고 다시 살아나, 살아갈 비전을 다시 품기 원합니다.

하나님, 도와주소서.
다시 꿈꾸기 원합니다.
나를 향한 아버지의 아름다운 꿈을 전해 듣게 하소서.
소명을 따라 사는 삶으로 옮겨가게 하소서.
나의 꿈이 되시는 예수 그리스도의 이름으로 기도합니다.
아멘!

내가 드리는 회개 기도문

내가 드리는 회개 기도문

사명선언문

너희가 흠이 없고 순전하여……세상에서 그들 가운데 빛들로
나타내며 생명의 말씀을 밝혀 _ 빌 2:15-16

1. 생명을 담겠습니다
만드는 책에 주님 주신 생명을 담겠습니다.
그 책으로 복음을 선포하겠습니다.

2. 말씀을 밝히겠습니다
생명의 근본은 말씀입니다.
말씀을 밝혀 성도와 교회의 성장을 돕겠습니다.

3. 빛이 되겠습니다
시대와 영혼의 어두움을 밝혀 주님 앞으로 이끄는
빛이 되는 책을 만들겠습니다.

4. 순전히 행하겠습니다
책을 만들고 전하는 일과 경영하는 일에 부끄러움이 없는
정직함으로 행하겠습니다.

5. 끝까지 전파하겠습니다
모든 사람에게, 땅 끝까지, 주님 오시는 그날까지
복음을 전하는 사명을 다하겠습니다.

서점 안내

광화문점	서울시 종로구 새문안로 69 구세군회관 1층 02)737-2288 / 02)737-4623(F)
강남점	서울시 서초구 신반포로 177 반포쇼핑타운 3동 2층 02)595-1211 / 02)595-3549(F)
구로점	서울시 동작구 시흥대로 602, 3층 302호 02)858-8744 / 02)838-0653(F)
노원점	서울시 노원구 동일로 1366 삼봉빌딩 지하 1층 02)938-7979 / 02)3391-6169(F)
일산점	경기도 고양시 일산서구 중앙로 1391 레이크타운 지하 1층 031)916-8787 / 031)916-8788(F)
의정부점	경기도 의정부시 청사로47번길 12 성산타워 3층 031)845-0600 / 031)852-6930(F)
인터넷서점	www.lifebook.co.kr